Dangus

II

Dvylika vartų – dvylika perlų,
kiekvieni vartai iš vieno perlo.
Ir miesto gatvės – grynas auksas,
tarsi vaiskus stiklas.
(Apreiškimas Jonui 21, 21)

Dangus

II

Pilnas Dievo Garbės

Dr. Džeirokas Li

Dangus II: Dr. Džeirokas Li
Leidykla: Urim Books (Atstovas: Seongnam Vin)
73, Yeouidaebang-ro 22-gil, Dong-jak gu rajone, Seulas, Korėja
www.urimbooks.com

Visos teisės saugomos. Šios knygos ar jos dalių panaudojimas bet kokia forma, saugoma paieškos sistemoje, arba perduodama bet kokia forma ir bet kokiomis priemonėmis (elektroninėmis, mechaninėmis, fotokopijų, įrašų ar kitu) be išankstinio leidėjo sutikimo yra draudžiamas.

Autorinės teisės © 2017 Dr. Džeirokas Li
ISBN: 979-11-263-0264-2 04230
ISBN: 979-11-263-0043-3 (set)
Vertimo autorinės teisės © 2013 Dr. Ester K. Čung. Naudojama pagal leidimą.

2002 m. išleista „Urim Books" korėjiečių kalba

Pirmasis leidimas 2017 m. balandžio mėn.

Redagavo Dr. Gym-sun Vin
Dizainas: Editorial Bureau of Urim Books
Spaustuvė: Prione Printing
Daugiau informacijos: urimbook@hotmail.com

Pratarmė

Meldžiuosi, kad Jūs taptumėte tikru Dievo vaiku ir pažintumėte tikrą meilę, amžiną laimę ir džiaugsmą Naujojoje Jeruzalėje, kur apstu Dievo meilės...

Dėkoju Dievui Tėvui ir garbinu Jį, apreiškusį man gyvenimą danguje ir palaiminusį mus pirmosios knygos – *„Dangus I: Tviskantis ir Gražus kaip Krištolas"* ir dabar antrosios – *„Dangus II: Pilnas Dievo Garbės"* išleidimu.

Aš labai troškau kuo daugiau sužinoti apie dangų, meldžiausi ir pasninkavau. Po septynerių metų Dievas pagaliau atsakė į mano maldas ir šiandien atskleidžia gilias dvasinės karalystės paslaptis.

Knygoje *„Dangus"* trumpai aprašiau įvairias dangaus buveines, suskirstytas į Rojų, Pirmąją karalystę, Antrąją karalystę, Trečiąją karalystę ir Naująją Jeruzalę. Antroje dalyje smulkiau aprašysiu pačią gražiausią ir garbingiausią dangaus buveinę, Naująją Jeruzalę.

Meilės Dievas parodė ir leido Biblijoje aprašyti Naująją Jeruzalę apaštalui Jonui. Šiandien, kai Viešpaties atėjimas kaip niekada arti, Dievas išlieja Šventąją Dvasią ant daugybės žmonių ir detaliau apreiškia dangų, kad netikintieji visame pasaulyje patikėtų pomirtiniu gyvenimu, susidedančiu iš dangaus ir pragaro, ir išpažįstantieji tikėjimą Kristumi gyventų pergalingą gyvenimą Jame, skelbdami evangeliją visame pasaulyje.

Apaštalas Paulius, atsakingas už evangelijos skelbimą pagonims, perspėjo savo dvasinį sūnų Timotiejų: *„Bet tu būk visame kame apdairus, kentėk vargus, dirbk evangelisto darbą, atlik savo tarnystę"* (Antrasis laiškas Timotiejui 4, 5).

Dievas man aiškiai parodė dangų ir pragarą, kad skleisčiau žinią apie būsimąjį gyvenimą visame pasaulyje. Dievas nori, kad visi žmonės būtų išganyti; Jis nenori matyti nė vienos sielos pragare. Dievas nori, kad kuo daugiau žmonių įeitų į Naująją Jeruzalę ir amžinai gyventų joje.

Todėl niekas neturi teisti ir smerkti šios Dievo duotos žinios, apreikštos per Šventosios Dvasios įkvėpimą.

Antroje „*Dangaus II*" dalyje Jūs sužinosite daug dangaus paslapčių: kaip atrodo Dievas, kuris buvo prieš laiko pradžią, bei Dievo sostas ir kitų. Tikiu, kad šios detalės ir pasakojimai suteiks visiems karštai trokštantiesiems dangaus nepaprastai daug laimės ir džiaugsmo.

Naujosios Jeruzalės mietas, pastatytas neišmatuojama Dievo meile ir stulbinančia galia, yra pilnas Jo garbės. Naujojoje Jeruzalėje yra dvasinė viršūnė, kurioje Dievas priėmė Trejybės pavidalą, kad išugdytų žmoniją, ir paties Dievo sostas. Ar galite įsivaizduoti, kokia didinga, nuostabi ir šviesi ši vieta? Ji tokia nuostabi ir šventa, kad jokia žmogiška išmintis negali jos suvokti!

Turite suprasti, kad Naujoji Jeruzalė skirta ne visiems išgelbėtiesiems. Ji skirta tik tiems Dievo vaikams, kurių širdys po ilgo ugdymo šiame pasaulyje, tapo tyros ir skaidrios kaip krištolas.

Dėkoju Gym-sun Vin, redaktorių biuro direktorei, ir darbuotojams ir Vertimų biurui už šį leidimą. Laiminu Viešpaties vardu kiekvieną skaitantį šią knygą ir meldžiuosi, kad jis taptų tikru Dievo vaiku ir patirtų tikrąją meilę, amžinąją laimę ir džiaugsmą Naujojoje Jeruzalėje, pilnoje Dievo garbės!

Jaerock Lee

Įžanga

Tikiuosi, kad jūs būsite palaiminti, sužinoję daug aiškių detalių apie Naująją Jeruzalę, ir amžinybėje gyvensite kuo arčiau dangiškojo Dievo sosto...

Dėkoju ir garbinu Dievą, palaiminusį mus pirmosios knygos – "*Dangus I: Tviskantis ir Gražus kaip Krištolas*" ir dabar jos tęsinio – "*Dangus II: Pilnas Dievo Garbės*" išleidimu.

Devyni šios knygos skyriai aiškiai aprašo švenčiausią ir nuostabiausią dangaus buveinę, Naująją Jeruzalę: jos dydį, puikumą ir gyvenimą joje.

1 skyrius, "Naujoji Jeruzalė: pilna Dievo garbės," apžvelgia Naująją Jeruzalę ir paaiškina Dievo sosto bei dvasinės karalystės viršūnės, kurioje Dievas priėmė Trejybės pavidalą, paslaptis.

2 skyrius, "Dvylikos Izraelio giminių ir dvylikos apaštalų vardai," aprašo Naujosios Jeruzalės miesto išorę. Jis apsuptas milžiniško aukščio mūro, ir dvylikos Izraelio giminių vardai

užrašyti ant dvylikos vartų visose keturiose miesto pusėse. Dvylikos apaštalų vardai užrašyti ant dvylikos miesto mūro pamatų. Jūs sužinosite kiekvieno užrašo priežastį ir reikšmę.

3 skyriuje, „Naujosios Jeruzalės dydis," jūs sužinosite Naujosios Jeruzalės išvaizdą ir matmenis. Šis skyrius paaiškina, kodėl Dievas matuoja Naujosios Jeruzalės dydį aukso mastu, ir atskleidžia, kad gyvenimui šiame mieste žmogus turi turėti tinkamą dvasinę brandą, pamatuotą aukso mastu. Taip pat sužinosite, kodėl Naujosios Jeruzalės miesto plotis, ilgis ir aukštis yra 2400 kilometrų.

4 skyrius, „Pastatyta iš gryno aukso ir visų spalvų brangakmenių," detaliai aprašo visas medžiagas, iš kurių pastatyta Naujoji Jeruzalė. Visas miestas papuoštas grynu auksu ir brangakmeniais. Šiame skyriuje aprašytas jų spalvų, spindesio ir švytėjimo grožis. Paaiškindamas, kodėl Dievas papuošė miesto sienas jaspiu, o visą Naująją Jeruzalę grynu auksu, vaiskiu kaip stiklas, šis skyrius taip pat pabrėžia dvasinio tikėjimo svarbą.

Įžanga

5 skyriuje, „Dvylikos pamatų reikšmė," sužinosite apie Naujosios Jeruzalės mūro sienas, pastatytas ant dvylikos pamatų, ir jaspio, safyro, chalcedono, smaragdo, sardonikso, sardžio, chrizolito, berilio, topazo, chrizoprazo, hiacinto bei ametisto grožį ir dvasinę reikšmę. Sudėję visų brangakmenių dvasinę reikšmę jūs pamatysite Jėzaus Kristaus ir Dievo širdį. Šis skyrius ragina jus siekti širdies, kurią simbolizuoja dvylika brangakmenių, kad galėtumėte įeiti į Dangiškąją Jeruzalę ir amžinai gyventi joje.

6 skyrius, „Dvylika perlų vartų ir aukso gatvės," paaiškina, kodėl Dievas padarė dvylika vartų iš perlų, ir gatvių iš tyro aukso, vaiskaus kaip stiklas, dvasinę reikšmę. Austrė užaugina brangų perlą, iškentusi didžiulį skausmą, ir šis skyrius ragina jus keliauti prie Naujosios Jeruzalės dvylikos perlų vartų, tikėjimu ir viltimi įveikiant visus sunkumus ir išbandymus.

7 skyrius, „Kerintis reginys," vedasi jus į visada skaisčiai apšviestą Naująją Jeruzalę. Jūs sužinosite žodžių „Dievas ir Avinėlis yra jo šventykla" dvasinę reikšmę; rūmų, kuriuose

gyvena Viešpats, dydį ir grožį; ir žmonių, kurie įeis į Naująją Jeruzalę amžinai gyventi su Viešpačiu, garbę.

8 skyrius, „Aš mačiau šventąjį miestą, Naująją Jeruzalę," pasakoja apie vieno iš daugybės žmonių, ištikimai ir pašventintai nugyvenusių žemiškąjį gyvenimą, namus. Ištikimųjų laukia didžiulis apdovanojimas danguje. Jūs pažvelgsite į būsimas laimingas dienas Naujojoje Jeruzalėje, skaitydami apie įvairių dydžių ir grožio dangaus namus, įvairius statinius ir apskritai gyvenimą danguje.

9 skyrius, „Pirmoji puota Naujojoje Jeruzalėje," nuves jus į pirmąją puotą Naujojoje Jeruzalėje po Teismo prie didelio balto sosto. Supažindinusi su kai kuriais tikėjimo protėviais, gyvenančiais prie pat Dievo sosto, knyga „Dangus 2" baigiasi laimindama skaitytojus ir linkėdama turėti tyrą ir skaidrią kaip krištolas širdį, kad Naujojoje Jeruzalėje jie gyventų kuo arčiau Dievo sosto.

Kuo daugiau sužinosite apie dangų, tuo nuostabesnis jis taps.

Įžanga

Naujojoje Jeruzalėje, kurią galima pavadinti dangaus branduoliu, jūs rasite Dievo sostą. Jei žinosite apie Naujosios Jeruzalės grožį ir šlovę, jūs tikrai trokšite dangaus ir ištikimai gyvensite Kristuje. Jėzus sugrįš labai greitai, kai baigs ruošti mums buveines danguje. Tikiuosi, kad „*Dangus II: Pilnas Dievo Garbės*" padės jums pasiruošti amžinajam gyvenimui.

Meldžiuosi Viešpaties Jėzaus Kristaus vardu, kad jūs galėtumėte gyventi kuo arčiau Dievo sosto, pašventinti karštos gyvenimo Naujojoje Jeruzalėje vilties ir ištikimai vykdydami visas Dievo jums duotas pareigas.

Gym-sun Vin,
Redaktorių biuro direktorė

# Turinys

Pratarmė

Įžanga

1 skyrius **Naujoji Jeruzalė: pilna Dievo garbės • 1**
  1. Dievo sostas Naujojoje Jeruzalėje
  2. Amžinasis Dievo sostas
  3. Avinėlio nuotaka
  4. Švytinti kaip brangakmeniai ir tyra kaip krištolas

2 skyrius **Dvylikos Izraelio giminių ir dvylikos apaštalų vardai • 15**
  1. Dvylika angelų saugo vartus
  2. Dvylikos Izraelio giminių vardai užrašyti ant dvylikos vartų
  3. Dvylikos apaštalų vardai užrašyti ant dvylikos pamatų

3 skyrius **Naujosios Jeruzalės dydis • 33**
  1. Išmatuota aukso mastu
  2. Kubo pavidalo Naujoji Jeruzalė

4 skyrius **Pastatyta iš gryno aukso ir visų spalvų brangakmenių • 41**
  1. Papuošta grynu auksu ir įvairiais brangakmeniais
  2. Naujosios Jeruzalės sienų mūras sudėtas iš jaspio
  3. Sukurta iš gryno aukso, vaiskaus kaip stiklas

5 skyrius **Dvylikos pamatų reikšmė • 53**

    1. Jaspis: dvasinis tikėjimas
    2. Safyras: dorumas ir sąžiningumas
    3. Chalcedonas: nekaltumas ir pasiaukojanti meilė
    4. Smaragdas: teisumas ir gerumas
    5. Sardoniksas: dvasinė ištikimybė
    6. Sardis: aistringa meilė
    7. Chrizolitas: gailestingumas
    8. Berilis: kantrybė
    9. Topazas: dvasinis gerumas
    10. Chrizoprazas: susivaldymas
    11. Hiacintas: tyrumas ir šventumas
    12. Ametistas: grožis ir romumas

6 skyrius **Dvylika perlų vartų ir aukso gatvės • 95**

    1. Dvylika perlų vartų
    2. Gatvės iš gryno aukso

7 skyrius **Kerintis reginys • 111**

    1. Nereikia saulės ar mėnulio šviesos
    2. Naujosios Jeruzalės žavesys
    3. Amžinasis gyvenimas su Viešpačiu, mūsų Jaunikiu
    4. Naujosios Jeruzalės gyventojų garbė

8 skyrius **„Aš mačiau šventąjį miestą, Naująją Jeruzalę" • 135**

    1. Neįsivaizduojamų dydžių dangaus namai
    2. Didinga pilis su visišku privatumu
    3. Dangaus įžymybės

9 skyrius **Pirmoji puota Naujojoje Jeruzalėje • 163**

    1. Pirmoji puota Naujojoje Jeruzalėje
    2. Pranašai dangaus garbingiausiųjų grupėje
    3. Nuostabios moterys Dievo akyse
    4. Marija Magdalietė gyvena prie Dievo sosto

1 skyrius

Naujoji Jeruzalė: pilna Dievo garbės

1. Dievo sostas Naujojoje Jeruzalėje
2. Amžinasis Dievo sostas
3. Avinėlio nuotaka
4. Švytinti kaip brangakmeniai ir tyra kaip krištolas

*„Ir nunešė mane dvasioje ant didelio
ir aukšto kalno, ir parodė man šventąjį
miestą, Jeruzalę, nužengiančią iš dangaus,
nuo Dievo, žėrinčią Dievo šlove. Jos
švytėjimas tarsi brangakmenio, tarsi
jaspio akmens, tviskančio kaip krištolas."*

- Apreiškimas Jonui 21, 10-11 -

Dangus yra karalystė keturių matmenų visatoje, valdoma Dievo, kuris yra meilė ir teisingumas. Nors ir nematomas plika akimi, dangus tikrai yra. Ar įsivaizduojate, kiek daug laimės, džiaugsmo, dėkingumo ir garbės danguje, nes tai geriausia Dievo dovana, kurią ji paruošė savo vaikams, priėmusiems išgelbėjimą? Tačiau danguje yra skirtingų buveinių. Naujoji Jeruzalė, kur stovi Dievo sostas, ir taip pat rojus, kuriame amžinai gyvena vos išsigelbėję žmonės. Kaip gyvenimas lūšnelėje ir karaliaus rūmuose skiriasi jau šioje žemėje, taip įžengimo į rojų ir Naująją Jeruzalę garbė labai skirtinga.

Tačiau kai kurie tikintieji mano, kad „dangus" ir „Naujoji Jeruzalė" yra tas pats, o kiti net nežino, kas yra Naujoji Jeruzalė. Kaip gaila! Nelengva patekti į dangų, jei nieko apie jį nežinai. Kaip žmogui patekti į Naująją Jeruzalę, nieko apie ją nežinant?

Todėl Dievas apreiškė apaštalui Jonui Naująją Jeruzalę ir leido detaliai aprašyti Biblijoje. 21-as Apreiškimo Jonui skyrius nuodugniai aprašo Naująją Jeruzalę, Jonas labai susijaudino, ją pamatęs.

Apreiškimas Jonui 21, 10-11: *„Ir nunešė mane dvasioje ant didelio ir aukšto kalno, ir parodė man šventąjį miestą, Jeruzalę, nužengiančią iš dangaus, nuo Dievo, žėrinčią Dievo šlove. Jos švytėjimas tarsi brangakmenio, tarsi jaspio akmens, tviskančio kaip krištolas."*

Kodėl Naujoji Jeruzalė pilna Dievo garbės?

1. Dievo sostas Naujojoje Jeruzalėje

Naujojoje Jeruzalėje stovi Dievo sostas. Kiek Dievo garbės gali būti Naujojoje Jeruzalėje, jeigu pats Dievas gyvena joje? Todėl ten žmonės dieną ir naktį atiduoda Dievui, garbę, padėką ir šlovę. Apreiškimas Jonui 4, 8 sako: „*Kiekviena iš keturių būtybių turėjo po šešis sparnus; aplinkui ir viduje jos buvo pilnos akių. Ir be perstojo, dieną ir naktį, jos šaukė: ‚Šventas, šventas, šventas Viešpats, visagalis Dievas, kuris buvo, kuris yra ir kuris ateis!'*"

Naujoji Jeruzalė dar vadinama šventuoju miestu, nes ji iš naujo sukurta Dievo Žodžiu, kuris yra teisingas ir nepriekaištingas, – pati šviesa, Jame nėra jokios tamsos.

Jėzus kūne atėjo į Jeruzalę, kad atvertų išgelbėjimo kelią visai žmonijai, skelbė evangeliją ir meile įvykdė įstatymą. Todėl Dievas pastatė Naująją Jeruzalę visiems tikintiesiems meile įvykdžiusiems įstatymą.

Dievo sostas Naujosios Jeruzalės centre

Kur Naujojoje Jeruzalėje stovi Dievo sostas? Apreiškimas Jonui 22, 3-4 atskleidžia mums atsakymą:

> *Nieko prakeiktino nebebus. Mieste stovės Dievo ir Avinėlio sostas, ir jo tarnai garbins jį. Jie regės jo veidą, ir jų kaktose bus jo vardas.*

Dievo sostas stovi Naujosios Jeruzalės centre, ir tik tiek, kurie paklūsta Dievo Žodžiui kaip paklusnūs tarnai, gali įžengti į ją ir regėti Dievo veidą. Todėl Dievas Laiške hebrajams 12, 14 mums pasakė: *"Siekite santaikos su visais, siekite šventumo, be kurio niekas neregės Viešpaties,"* ir Evangelijoje pagal Matą 5, 8: *"Palaiminti tyraširdžiai; jie regės Dievą."* Turite suprasti, kad ne visi įžengs į Naująją Jeruzalę, kurioje stovi Dievo sostas.

Kaip Dievo sostas atrodo? Kai kas gali pamanyti, kad jis panašus į didžiulį krėslą, bet taip nėra. Siaurąja prasme, tai kėdė, ant kurios Dievas sėdi, bet plačiąja prasme, tai Dievo buveinė.

Dievo sostas reiškia Dievo buveinę, ir Jo sostą Naujosios Jeruzalės centre supa vaivorykštės ir dvidešimt keturių vyresniųjų sostai.

Vaivorykštė ir dvidešimt keturių vyresniųjų sostai

Dievo sosto grožis, didingumas ir dydis aprašytas Apreiškime Jonui 4, 3-6:

> *Jo išvaizda buvo panaši į jaspio ir sardžio brangakmenius, o vaivorykštė, juosianti sostą, buvo panaši į smaragdą. Aplinkui sostą regėjau dvidešimt keturis sostus ir tuose sostuose sėdinčius dvidešimt keturis vyresniuosius baltais drabužiais, o jų galvas puošė aukso vainikai. Nuo sosto skriejo žaibai, aidėjo balsai ir griaustiniai; septyni deglai liepsnojo priešais sostą, o tai yra septynios Dievo dvasios. Priešais sostą tviskėjo tarsi stiklo jūra, panaši į krištolą; sosto viduryje ir aplinkui sostą buvo keturios būtybės, pilnos akių iš priekio ir iš užpakalio.*

Daug angelų ir dangaus pulkų tarnauja Dievui. Daug kitų dvasinių būtybių, pavyzdžiui, cherubai ir keturios būtybės, saugo Jį.

Taip pat stiklo jūra driekiasi priešais Dievo sostą. Jos vaizdas be galo nuostabus, įvairiausios šviesos, supančios Dievo sostą, atsispindi stiklo jūroje.

Kaip dvidešimt keturi vyresnieji supa Dievo sostą? Dvylika jų yra už Viešpaties, kiti dvylika – už Šventosios Dvasios. Šie dvidešimt keturi vyresnieji yra šventi žmonės ir turi teisę liudyti Dievo akivaizdoje.

Dievo sosto grožis, puikumas ir didybė pranoksta žmogaus vaizduotę.

2. Amžinasis Dievo sostas

Apaštalų darbai 7, 55-56 rašo, kad Steponas išvydo Avinėlio sostą Dievo sosto dešinėje:

> *Steponas, kupinas Šventosios Dvasios, žvelgė į dangų ir išvydo Dievo šlovę ir Jėzų, stovintį Dievo dešinėje. Jis tarė: „Štai regiu atsivėrusį dangų ir Žmogaus Sūnų, stovintį Dievo dešinėje."*

Steponas tapo kankiniu. Jis drąsiai skelbė Jėzų Kristų ir buvo užmuštas akmenimis. Prieš pat mirtį atsivėrė Stepono dvasios akys, ir jis pamatė Viešpatį, stovintį Dievo sosto dešinėje. Viešpats negalėjo sėdėti, žinodamas, kad Steponas tuojau taps kankiniu, nužudytas žydų, klausančių jo kalbos. Todėl Viešpats pakilo iš savo sosto ir pravirko, matydamas Steponą užmušamą akmenimis, o Steponas pamatė šį vaizdą atsivėrusiomis dvasios akimis.

Stepono matytas Dievo ir Viešpaties sostas buvo kitoks negu apaštalo Jono matytas Naujojoje Jeruzalėje. Steponas matė amžinąjį Dievo sostą.

Senovėje, kai karalius palikdavo rūmus, kad apžiūrėtų savo šalį ir susitiktų su žmonėmis, tarnai pastatydavo jam laikiną būstą, panašų į karaliaus rūmus. Panašiai Dievo sostas Naujojoje Jeruzalėje yra ne nuolatinis, Dievas apsistoja jame trumpiems laikotarpiams.

Amžinasis Dievo sostas pradžioje

Dievas buvo vienas, turėdamas savyje visą visatą prieš laiko pradžią (Išėjimo knyga 3, 14; Evangelija pagal Joną 1, 1; Apreiškimas Jonui 22, 13). Ta visata buvo ne tokia, kokią dabar matome, ji buvo viena erdvė prieš pasidalijimą į dvasinį ir fizinį pasaulius. Dievas buvo šviesa ir apšvietė visą visatą.

Jis buvo ne tik šviesos spindulys, bet spindinčios, nuostabios šviesos kaip vandens srautas, spindintis visomis vaivorykštės spalvomis. Tau galima palyginti su Šiaurės pašvaiste, matoma netoli Šiaurės ašigalio. Šiaurės pašvaistė yra skirtingų spalvų šviesų grupė, nusidriekusi kaip užuolaida, ir žmonės sako, jos vaizdas toks nuostabus, kad kartą ją pamatęs niekada nepamirši jos grožio.

Kiek kartų nuostabesnės Dievo šviesos, kuris pats yra Šviesa, ir kaip mums išreikšti tokios gausybės spalvų šviesos didybę?

Todėl Jono pirmas laiškas 1, 5 sako: *„Tai žinia, kurią esame išgirdę iš jo ir skelbiame jums, kad Dievas yra šviesa ir jame* *nėra jokios tamsybės."* Žodžiai „Dievas yra šviesa" išreiškia ne tik dvasinę prasmę, kad Dieve nėra jokios tamsos, bet ir aprašo Dievo, buvusio šviesa prieš laiko pradžią, išvaizdą.

Dievas, kuris buvo vienas prieš laiko pradžią kaip šviesa visatoje, turėjo balsą. Dievas buvo šviesa su balsu, šis balsas yra „Žodis", apie kurį Evangelija pagal Joną 1, 1 sako: *„Pradžioje buvo Žodis. Tas Žodis buvo pas Dievą, ir Žodis buvo Dievas."*

Erdvėje, kur Dievas buvo šviesa su skambančiu balsu, yra trys atskiros erdvės Tėvui, Sūnui ir Šventajai Dvasiai individualiai gyventi ir ilsėtis. Vieta, kurioje amžinasis Dievo sostas stovi pradžios erdvėje, yra poilsio vieta, kambariai pokalbiams ir takai pasivaikščiojimui.

Tik labai ypatingi angelai, kurių širdys panašios į Dievo širdį, įleidžiami į šią erdvę. Ši vieta yra atskira, paslaptinga ir saugi. Be to, joje stovi Dievo Trejybės sostas, ir ji yra erdvėje, kur Dievas buvo vienas pradžioje, ketvirtame danguje, atskirai nuo Naujosios Jeruzalės, esančios trečiame danguje.

3. Avinėlio nuotaka

Dievas nori, kad visų žmonių širdys būtų panašios į Jo širdį, kad visi įžengtų į Naująją Jeruzalę. Tačiau Jis parodė savo gailestingumą ir tiems, kurie nepasiekė šio šventumo lygio žemiškojo ugdymo metu. Jis padalino dangaus karalystę į daug buveinių nuo Rojaus iki Pirmosios, Antrosios ir Trečiosios dangaus karalysčių ir apdovanoja savo vaikus pagal jų darbus.

Dievas dovanoja Naująją Jeruzalę savo ištikimiesiems vaikams, kurie yra tobulai pašventinti ir ištikimi. Evangelijos Jeruzalės atminimui Jis pastatė Naująją Jeruzalę, naują indą, kuriame yra visi Jo vaikų meile įvykdyto įstatymo vaisiai.

Apreiškimas Jonui 21, 2 sako, jog Dievas taip nuostabiai paruošė Naująją Jeruzalę, kad šventasis miestas apaštalui Jonui atrodė panašus į nuotaką, nuostabiai papuoštą jaunikiui:

Ir aš išvydau šventąjį miestą – naująją Jeruzalę, nužengiančią iš dangaus nuo Dievo; ji buvo išpuošta kaip nuotaka savo sužadėtiniui.

Naujoji Jeruzalė išpuošta kaip nuotaka

Dievas ruošia puikias buveines danguje Viešpaties nuotakoms, kurios ruošiasi savo dvasinio jaunikio Viešpaties Jėzaus priėmimui, apipjaustydamos savo širdis. Pati gražiausia iš amžinųjų buveinių yra Naujosios Jeruzalės miestas.

Todėl Apreiškimas Jonui 21, 9 vadina Naujosios Jeruzalės miestą, neregėtai išpuoštą Viešpaties nuotakoms, *„Jaunąja, Avinėlio sužadėtine."*

Kokį pasigėrėjimą kels paties mylinčio Dievo paruošta Naujoji Jeruzalė, būdama geriausia dovana Viešpaties nuotakoms? Žmonės bus be galo sujaudinti, kai įeis į savo atskirus namus, pastatytus ir prižiūrėtus Dievo meilės ir jautraus dėmesingumo. Dievas padarė taip, kad kiekvienas namas tobulai atitiktų jo savininko skonį.

Nuotaka tarnauja savo sužadėtiniui ir paruošia vietą jo poilsiui. Taip pat ir namai Naujojoje Jeruzalėje tarnauja Viešpaties nuotakoms ir priima jas. Jie tokie patogūs ir saugūs, kad žmones užlieja laimė ir džiaugsmas.

Šiame pasaulyje, kad ir kaip gerai žmona tarnautų savo vyrui, ji negali suteikti tobulos ramybės ir džiaugsmo. Tačiau namai Naujojoje Jeruzalėje suteiks žmonėms žemėje nepatirtą ramybę ir džiaugsmą, nes šie būstai tobulai atitinka savo savininkų skonį.

Namai pasatyti nuostabiai ir didingai pagal jų savininkų skonį, nes jie pastatyti žmonėms, kurių širdys panašios į Dievo širdį. Kokie jie bus nuostabūs ir puikūs, jeigu Viešpats atsakingas už jų statybą?

Jeigu jūs tikrai tikite dangumi, būsite laimingi vien pagalvoję apie daugybę angelų statančių danguje namus iš aukso ir brangakmenių pagal Dievo įstatymą, atlyginantį kiekvienam žmogui už jo darbus.

Ar galite įsivaizduoti, koks laimingas ir džiaugsmingas gyvenimas bus Naujojoje Jeruzalėje, kuri tarnauja jums ir priima jus kaip žmona?

Dangaus namai yra papuošti žmogaus darbais

Namai danguje buvo pradėti statyti po Viešpaties prisikėlimo ir įžengimo į dangų ir tebestatomi dabar pagal mūsų darbus. Todėl baigusiųjų žemiškąjį gyvenimą namai jau baigti statyti; kai kuriems namams dar tik dedami pamatai ir kalami stulpai; dar kitų namų statybos darbai beveik baigti.

Kai visų tikinčiųjų namai danguje bus baigti, Viešpats vėl sugrįš į žemę, bet šį kartą oru:

Mano Tėvo namuose daug buveinių. Antraip argi

būčiau sakęs: „Einu jums vietos paruošti!"? Kai nuėjęs paruošiu, vėl sugrįšiu ir jus pas save pasiimsiu, kad jūs būtumėte ten, kur ir aš (Evangelija pagal Joną 14, 2-3).

Amžinosios išgelbėtų žmonių buveinės paskiriamos jiems Paskutiniajame teisme prie baltojo sosto.

Kai savininkas įeis į savo namus po jo gyvenamosios vietos ir apdovanojimų paskyrimo pagal jo tikėjimo saiką, namai tobulai suspindės, nes savininkas ir jo namai bus tobula pora, taip kaip vyras ir žmona tampa vienu kūnu.

Ar įsivaizduojate, kokia nuostabi bus pilna Dievo garbės Naujoji Jeruzalė, jeigu joje stovės Dievo sostas ir daugybė namų, pastatytų ištikimiesiems Dievo vaikams, kurie amžinai dalinsis su Juo tikrąja meile?

4. Švytinti kaip brangakmeniai ir tyra kaip krištolas

Šventosios Dvasios vedamas apaštalas Jonas apstulbo, pamatęs šventąjį Naujosios Jeruzalės miestą, ir paskui parašė:

> *Ir nunešė mane dvasioje ant didelio ir aukšto kalno, ir parodė man šventąjį miestą, Jeruzalę, nužengiančią iš dangaus, nuo Dievo, žėrinčią Dievo šlove. Jos švytėjimas tarsi brangakmenio, tarsi jaspio akmens, tviskančio kaip krištolas* (Apreiškimas Jonui 21, 10-11).

Jonas šlovino Dievą, matydamas didingą Naująją Jeruzalę nuo

kalno viršūnės, nuneštas ten Šventosios Dvasios.

Naujoji Jeruzalė, žėrinti Dievo šlove

Ką reiškia žodžiai, kad Naujosios Jeruzalės, žėrinčios Dievo šlove, švytėjimas yra „tarsi brangakmenio, tarsi jaspio akmens, tviskančio kaip krištolas"? Brangakmenių yra daug rūšių, ir jie turi skirtingus pavadinimus pagal sudėtį ir spalvas. Kad būtų laikomas brangakmeniu, akmuo turi būti labai gražios spalvos. Todėl frazė „tarsi brangakmenio" reiškia grožio tobulumą. Apaštalas Jonas palygino nuostabų Naujosios Jeruzalės spindesį su brangakmenių, kuriuos žmonės laiko labai vertingais ir gražiais.

Be to, Naujojoje Jeruzalėje stovi milžiniški, didingi namai, ji papuošta dangaus brangakmeniais, žėrinčiais kerinčiomis šviesomis, ir jų nepaprastas grožis matomas net iš toli žiūrint į miestą. Melsva ir balta šviesos, žėrinčios daugybe atspalvių gaubia Naująją Jeruzalę. Ar galite įsivaizduoti, koks įspūdingas ir džiaugsmingas šis reginys?

Apreiškimas Jonui 21, 18 sako, kad Naujosios Jeruzalės mūras sukrautas iš jaspio. Kitoks negu matinis jaspis šioje žemėje, dangaus jaspis yra žydros spalvos, toks gražus ir tyras, jog žiūrint į jį atrodo, kad žiūri į skaidrų vandenį. Beveik neįmanoma apsakyti jo spalvos grožio žemiškomis sąvokomis. Galbūt galima palyginti jį su melsva šviesa atsispindinčia skaidriose bangose. Mes tik galime pavadinti jo spalvą vaiskia, melsva ir balta. Jaspis simbolizuoja Dievo eleganciją, ryškumą, ir „teisumą", nesuteptą, tyrą ir dorą.

Krištolo yra daug rūšių, danguje tai bespalvis, permatomas

ir kietas akmuo, švarus ir skaidrus kaip tyras vanduo. Švarus ir skaidrus krištolas nuo senų laikų buvo plačiai naudojamas puošyboje, nes jis ne tik tyras ir skaidrus, bet ir nuostabiai atspindi šviesą. Nors krištolas nelabai brangus, jis puikiai atspindi šviesą visomis vaivorykštės spalvomis. Be to, Dievas savo galia suteikė dangaus krištolui šlovės spindesį, todėl jis nepalyginamas su žemiškuoju. Apaštalas Jonas bando išreikšti Naujosios Jeruzalės švytėjimo grožį, vaiskumą ir puikumą, lygindamas jį su krištolu.

Šventasis Naujosios Jeruzalės miestas pilnas nuostabios Dievo garbės. Kokia didinga, nuostabi ir žėrinti turi būti Naujoji Jeruzalė, jeigu joje stovi Dievo sostas ir yra viršūnė, kur Dievas priėmė Trejybės pavidalą?

2 skyrius

Dvylikos Izraelio giminių ir dvylikos apaštalų vardai

1. Dvylika angelų saugo vartus
2. Dvylikos Izraelio giminių vardai užrašyti ant dvylikos vartų
3. Dvylikos apaštalų vardai užrašyti ant dvylikos pamatų

„Ji apjuosta dideliu, aukštu mūru su dvylika vartų, o ant vartų dvylika angelų ir užrašyti dvylikos Izraelio giminių vardai. Nuo saulėtekio pusės treji vartai, nuo žiemių treji vartai, nuo pietų treji vartai ir nuo saulėlydžio treji vartai. Miesto mūrai turi dvylika pamatų, ant kurių užrašyti dvylikos Avinėlio apaštalų vardai."

- Apreiškimas Jonui 21, 12-14 -

Naujoji Jeruzalė apsupta mūro, žėrinčio mirguliuojančiomis šviesomis. Visi išsižioję iš nuostabos, pamatę šių mūro sienų dydį, didingumą, grožį ir šlovę. Miestas yra kubo formos ir turi po tris vartus kiekvienoje pusėje: rytuose, vakaruose, šiaurėje ir pietuose. Jis turi iš viso dvylika vartų ir yra neįsivaizduojamai didelis. Kiekvienas iš dvylikos kilnių ir didingų angelų saugo po vienus iš dvylikos vartų, ant kurių užrašyti dvylikos Izraelio giminių vardai.

Aplink Naujosios Jeruzalės mūrą guli dvylika pamatų, ant kurių stovi dvylika kolonų ir užrašyti dvylikos Jėzaus mokinių vardai. Visi Naujosios Jeruzalės pagrindai sukurti su skaičiumi 12, šviesos skaičiumi. Tai padeda lengvai suprasti, kad Naujoji Jeruzalė yra vieta tiems šviesos vaikams, kurių širdys yra panašios į Dievo, kuris yra šviesa, širdį.

Pažvelkime į priežastis, kodėl dvylika angelų saugo dvylika Naujosios Jeruzalės vartų ir ant miesto užrašyti dvylikos Izraelio giminių ir dvylikos apaštalų vardai.

1. Dvylika angelų saugo vartus

Senovėje daug kareivių arba sargybinių saugodavo pilių, kuriose apsistodavo arba gyvendavo karaliai ar kiti aukšti didikai, vartus. Tai buvo būtina pastatų apsaugai nuo priešų ir įsibrovėlių. Dvylika angelų saugo Naujosios Jeruzalės vartus, nors niekas panorėjęs negali į ją įžengti ar įsibrauti, nes Dievo sostas stovi šiame mieste. Kodėl? Koks šios sargybos tikslas?

Turtų, valdžios ir šlovės simbolis

Naujosios Jeruzalės miestas yra toks milžiniškas ir didingas, kad pranoksta mūsų vaizduotę. Didysis uždraustas Kinijos miestas, kuriame imperatoriai gyveno, yra tokio dydžio kaip vieno Naujosios Jeruzalės gyventojo namas. Net Didžioji kinų siena, vienas iš septynių pasaulio stebuklų, dydžiu nė iš tolo negali lygintis su Naujosios Jeruzalės miesto mūru.

Pirmasis dvylikos angelų miesto vartų sargybos tikslas yra turtų, garbės, valdžios ir šlovės simbolis. Net šiandien šio pasaulio galingieji ir turtingieji turi sargybinių, saugančių juos ir jų namus. Tai byloja apie jų valdžią ir turtą.

Todėl akivaizdu, kad aukšto rango angelai saugo Naujosios Jeruzalės miesto, kuriame stovi Dievo sostas, vartus. Akimirksniu pajusi Dievo ir Naujosios Jeruzalės gyventojų autoritetą, pamatęs dvylika angelų, kurių buvimas padidina Naujosios Jeruzalės grožį ir šlovę.

Dievo pripažintų vaikų apsauga

Koks antrasis dvylikos angelų Naujosios Jeruzalės vartų sargybos tikslas? Laiškas hebrajams 1, 14 klausia: *„Argi jie visi nėra tik tarnaujančios dvasios, išsiųstos patarnauti tiems, kurie paveldės išganymą?"* Dievas saugo savo vaikus šioje žemėje savo mylinčiu žvilgsniu ir atsiunčia jiems angelus sargus. Gyvenančiųjų pagal Dievo Žodį nešmeiš šėtonas, jie bus apsaugoti nuo išbandymų, vargų, gamtos bei žmonių sukeltų nelaimių, ligų ir nelaimingų atsitikimų.

Taip pat nesuskaičiuojama daugybė dangaus angelų atlieka

savo pareigas pagal Dievo įsakymus. Angelai stebi, užrašo ir praneša Dievui kiekvieną kiekvieno tikinčio ir netikinčio žmogaus darbą. Paskutiniojo teismo dieną Dievas prisimins kiekvieną žmogaus ištartą žodį ir kiekvienam atlygins pagal darbus.

Visi angelai yra dvasios, kurias Dievas valdo, ir akivaizdu, kad jie saugo Dievo vaikus ir rūpinasi jais net danguje. Žinoma, danguje nebus jokių nelaimingų atsitikimų ar pavojų, nes jame nėra tamsos, priklausančios mūsų priešui velniui, bet angelų pareiga yra tarnauti savo šeimininkams. Ši pareiga ne priverstinė, bet atliekama savanoriškai pagal dvasinės karalystės tvarką ir harmoniją; tai prigimtinė angelų pareiga.

Taikios tvarkos palaikymas Naujojoje Jeruzalėje

Koks trečiasis dvylikos angelų Naujosios Jeruzalės vartų sargybos tikslas?

Dangus yra tobula dvasinė karalystė be jokių trūkumų, jame viešpatauja ideali tvarka. Ten nėra neapykantos, ginčų ar kontrolės, tik Dievo įsakymai valdo ir palaiko dangų.

Suskilę namai neišlieka. Taip pat net šėtono pasaulis nesukyla prieš save, bet veikia pagal tam tikrą tvarką (Evangelija pagal Morkų 3, 22-26). Kas galėtų pasakyti, kiek kartų teisingesnė bus Dievo karalystės tvarka?

Pavyzdžiui, puotos Naujojoje Jeruzalėje vyksta nustatyta tvarka. Išgelbėtos sielos, gyvenančios Trečiojoje, Antrojoje ir Pirmojoje dangaus karalystėse bei Rojuje, įeis į Naująją Jeruzalę tik su kvietimais nustatyta dvasine tvarka. Ten jos džiugins Dievą ir dalinsis džiaugsmu su Naujosios Jeruzalės gyventojais.

Kas būtų, jei išgelbėtos sielos iš Rojaus, Pirmosios, Antrosios ir Trečiosios dangaus karalysčių galėtų įeiti į Naująją Jeruzalę kad tik panorėję? Net geriausi ir brangiausi daiktai neprižiūrimi, laikui bėgant, nusidėvi ir nuvertėja. Jei Naujojoje Jeruzalėje nebūtų laikomasi tvarkos, jos grožis nukentėtų. Todėl taikiai Naujosios Jeruzalės tvarkai reikia dvylikos vartų ir po angelą kiekvienų vartų sargybai. Žinoma, tikintieji iš Trečiosios dangaus karalystės ir žemesnių neįeitų į Naująją Jeruzalę dėl garbės skirtumo, net jei angelai nesaugotų vartų. Angelai užtikrina tinkamą tvarkos palaikymą.

2. Dvylikos Izraelio giminių vardai užrašyti ant dvylikos vartų

Kodėl dvylikos Izraelio giminių vardai užrašyti ant Naujosios Jeruzalės vartų? Dvylikos Izraelio giminių vardai simbolizuoja faktą, kad dvylika Naujosios Jeruzalės vartų prasidėjo nuo dvylikos Izraelio giminių.

Dvylikos vartų sukūrimo istorinis pagrindas

Adomas ir Ieva, maždaug prieš 6000 metų išvaryti iš Edeno sodo dėl nuodėmės, susilaukė daug vaikų, gyvendami šioje žemėje. Kai pasaulis paskendo nuodėmėse, visi, išskyrus to meto teisųjį Nojų su šeima, buvo nubausti ir pražuvo tvano vandenyse.

Paskui maždaug prieš 4000 metų gimė Abraomas, ir atėjus laikui, Dievas paskyrė jį tikėjimo protėviu ir gausiai palaimino. Dievas pažadėjo Abraomui Pradžios knygoje 22, 17-18:

Aš tikrai laiminsiu tave ir padarysiu tavo palikuonis tokius gausingus kaip dangaus žvaigždės ir pajūrio smiltys. Tavo palikuonys užims savo priešų vartus, ir visos tautos žemėje gaus palaiminimą per tavo palikuonis, nes tu buvai klusnus mano balsui.

Ištikimasis Dievas paskyrė Abraomo anūką Jokūbą Izraelio įkūrėju ir padėjo savo tautos pamatą, duodamas Jokūbui dvylika sūnų. Paskui, maždaug prieš 2000 metų Dievas atsiuntė Jėzų kaip Judo giminės palikuonį ir atvėrė išgelbėjimo kelią visai žmonijai.

Taip Dievas sukūrė Izraelio tautą su dvylika giminių, kad įvykdytų Abraomui duotą palaiminimą. Simbolizuodamas ir pažymėdamas šį faktą Dievas pastatė dvylika vartų Naujojoje Jeruzalėje ir užrašė ant jų dvylikos Izraelio giminių vardus.

Dabar atidžiau pažvelkime į Jokūbą, Izraelio protėvį, ir dvylika giminių.

Izraelio protėvis Jokūbas ir jo dvylika sūnų

Jokūbas, Abraomo anūkas ir Izaoko sūnus, klasta išviliojo pirmagimio teisę iš savo vyresniojo brolio Ezavo ir turėjo bėgti nuo brolio pas savo dėdę Labaną. Dvidešimt ketverius gyvenimo pas Labaną metus Dievas skaistino Jokūbą, kol jis tapo Izraelio protėviu.

Pradžios knyga nuo 29 skyriaus 21 eilutės aprašo Jokūbo santuokas ir dvylikos jo sūnų gimimą. Jokūbas mylėjo Rachelę ir prižadėjo Labanui tarnauti septynerius metus, kad gautų ją į žmonas, bet jo dėdė apgavo jį ir išleido už jo Lėją, jos seserį. Jis turėjo pažadėti Labanui tarnauti dar septynerius metus, kad vestų

Rachelę. Pagaliau Jokūbas vedė Rachelę ir mylėjo ją labiau negu Lėją. Dievas pasigailėjo Lėjos, nemylimos savo vyro, ir padarė ją vaisingą. Lėja pagimdė Rubeną, Simeoną, Levį ir Judą. Rachelė buvo Jokūbo mylima, bet ilgą laiką buvo nevaisinga. Ji pavydėjo seseriai Lėjai ir davė savo vyrui tarnaitę Bilhą kaip žmoną. Bilha pagimdė Daną ir Naftalį. Kai Lėja nebegalėjo pastoti, ji davė Jokūbui savo tarnaitę Zilpą žmona, kuri pagimdė Gadą ir Ašerą. Vėliau Lėja gavo Rachelės leidimą miegoti su Jokūbu mainais į jos pirmojo sūnaus Rubeno mandragoras. Ji pagimdė sūnus Isacharą ir Zabuloną bei dukterį Diną. Paskui Dievas prisiminė Rachelę, kuri buvo nevaisinga, ir atvėrė jos įsčias. Rachelė pagimdė Juozapą. Po Juozapo gimimo Jokūbas gavo Dievo įsakymą kirsti Jaboko upę ir grįžti į savo gimtąjį miestą su savo dviem žmonomis, dviem tarnaitėmis ir vienuolika sūnų.

Jokūbas savo dėdės Labano namuose buvo bandomas dvidešimt metų. Kai jis nusižemino, meldėsi, ir, grįžtant į gimtąjį miestą, angelas išnarino jam klubą prie Jaboko upės, jis gavo naują vardą – „Izraelis" (Pradžios knyga 32, 28). Izraelis susitaikė su savo broliu Ezavu ir gyveno Kanaano krašte. Jis buvo palaimintas, tapo Izraelio protėviu ir iš Rachelės susilaukė savo paskutiniojo sūnaus Benjamino.

Dvylika Izraelio giminių, Dievo išrinktoji tauta

Juozapas, kurį tėvas iš dvylikos savo sūnų labiausiai mylėjo, buvo savo pavydo apimtų brolių parduotas į Egipto vergiją, kai jam buvo septyniolika metų. Tačiau Dievo apvaizdos dėka, būdamas trisdešimties metų amžiaus Juozapas tapo Egipto ministru pirmininku. Žinodamas, kad Kanaano krašte bus didžiulis badas, Dievas nusiuntė Juozapą į Egiptą pirmą, o paskui visai jo šeimai leido ten persikelti, kad jos narių skaičius išaugtų ir jie taptų tauta. Pradžios knygoje 49, 3-28 prieš mirdamas Izraelis palaimina savo dvylika sūnų – dvylika Izraelio giminių:

„*Tu, Rubenai, esi mano pirmagimis,*
mano jėga ir pirmasis mano vyriškumo vaisius (3 eilutė)...
Simeonas ir Levis yra broliai,
jų peiliai – smurto ginklai (5 eilutė)...
Judai, tavo broliai girs tave (8 eilutė)...
Zabulonas kursis palei jūrą (13 eilutė)...
Isacharas – stiprus asilas,
prigludęs tarp avidžių (14 eilutė)...
Danas valdys savo žmones
kaip vieną Izraelio giminių (16 eilutė)...
Gadas bus puolamas užpuolikų,
bet duos jiems į kulnus (19 eilutė)...
Ašero maistas bus gausus (20 eilutė)...
Naftalis – į laukus paleista stirna,
gimdanti puikius stirniukus (21 eilutė)...
Juozapas – vaisinga šaka,
vaisinga šaka prie šaltinio (22 eilutė)...
Benjaminas – plėšrus vilkas (27 eilutė)..."

Jie yra dvylika Izraelio giminių, ir tėvas išatrė šiuos žodžius, laimindamas juos, kiekvienam suteikdamas jam skirtą palaiminimą. Palaiminimai buvo skirtingi, nes kiekvienas sūnus (giminė) turėjo savo charakterį, individualybę, darbus ir prigimtį.

Dievas per Mozę davė Įstatymą dvylikai Izraelio giminių, kurios išėjo iš Egipto ir vedė jas į Kanaano kraštą, tekantį pienu ir medumi. Pakartoto Įstatymo knygoje 33,5-25, Mozė prieš savo mirtį laimina Izraelio tautą.

„Teišlieka gyvas Rubenas ir teneišmiršta,
nors skaičiumi jis yra mažas (6 eilutė) ...
VIEŠPATIE, išgirsk Judo balsą
ir parvesk jį pas savo tautą (7 eilutė) ...
O apie Levį sakė:
„Tebūna tavo Tumimai ir Urimai
ištikimajam vyrui" (8 eilutė) ...
Apie Benjaminą jis sakė:
„VIEŠPATIES numylėtinis
saugiai ilsisi" (12 eilutė) ...
O apie Juozapą sakė:
„Tebūna VIEŠPATIES palaimintas jo kraštas
rinktine rasos dovana iš dangaus
ir iš bedugnės, glūdinčios po žeme" (13 eilutė) ...
Tokie tat yra Efraimo miriadai,
tokie tat yra Manaso tūkstančiai (17 eilutė) ...
Apie Zabuloną jis sakė:
„Džiaukis, Zabulonai, savo kelionėse,
o tu, Isacharai, savo palapinėse!" (18 eilutė) ...
O apie Gadą sakė:
„Tebūna palaimintas,
kuris plečia Gadą!" (20 eilutė) ...
Apie Daną jis sakė:
„Danas yra liūtukas,

puolantis iš Bašano." (22 eilutė)...
O apie Naftalį sakė:
"O, Naftali, esi sotus palaimos
ir kupinas VIEŠPATIES palaiminimo" (23 eilutė)...
Tebūna Ašeras laimingiausias tarp sūnų;
tebūna jis brolių mėgstamas (24 eilutė)..."

Levis buvo išskirtas iš dvylikos Izraelio sūnų, kad jo palikuonys taptų kunigais ir priklausytų Dievui. Vietoje jo du Juozapo sūnus, Manasas ir Efraimas, pradėjo dvi gimines, kad pakeistų levitus.

Dvylikos giminių vardai užrašyti ant dvylikos vartų

Kaip mes, nebūdami dvylikos Izraelio giminių nariais ir tiesioginiais Abraomo palikuonimis, galime būti išgelbėti ir įeiti pro dvylika vartų, ant kurių užrašyti dvylikos giminių vardai?

Atsakymą į šį klausimą randame Apreiškimo Jonui knygoje 7, 4-8:

Ir aš išgirdau paženklintųjų skaičių – šimtas keturiasdešimt keturi tūkstančiai paženklintųjų iš visų Izraelio vaikų giminių: Iš Judo giminės dvylika tūkstančių paženklintųjų, iš Rubeno giminės dvylika tūkstančių, iš Gado giminės dvylika tūkstančių, iš Asero giminės dvylika tūkstančių, iš Netfalio giminės dvylika tūkstančių, iš Manaso giminės dvylika tūkstančių, iš Simeono giminės dvylika tūkstančių, iš Levio giminės dvylika tūkstančių, iš Isacharo giminės dvylika tūkstančių, iš Zabulono giminės dvylika tūkstančių, iš Juozapo giminės dvylika tūkstančių, iš Benjamino giminės dvylika tūkstančių paženklintųjų.

Šiose eilutėse Judo giminės vardas paminėtas pirmas, o po jo Rubeno giminės vardas, skirtingai negu Pradžios ir Pakartoto Įstatymo knygose. Dano giminės vardas išbrauktas ir pridėtas Manaso giminės vardas.
Sunki Dano giminės nuodėmė užrašyta 1 Karalių pirmoje knygoje 12, 28-31.

Pasitaręs karalius padarė du aukso veršius. Žmonėms jis tarė: „Gana ilgai ėjote į Jeruzalę. Izraeli, štai tavo Dievas, kuris išvedė tave iš Egipto žemės!" Vieną jų pastatė Betelyje, o kitą – Dane. Tai vedė į nuodėmę, nes žmonės ėjo į Betelį ir Daną šių veršių pagarbinti. Jis statė ir šventyklas aukštumų alkuose bei skyrė kunigus iš žmonių, kurie nebuvo kilę iš Levio giminės.

Jeroboamas, tapęs pirmuoju Šiaurės Izraelio karalystės karaliumi, galvojom kad jeigu jo žmonės eis atnašauti aukas į VIEŠPATIES šventyklą Jeruzalėje, jie vėl taps ištikimi savo viešpačiui Rehabeamui, Judo karaliui. Karalius padarė du aukso veršius ir vieną pastatė Betelyje, o kitą – Dane. Jis žmonėms eiti į Jeruzalę ir atnašauti aukas Dievas, vertė garbinti veršius Betelyje ir Dane.
Dano giminė įpuolė į stabmeldystės nuodėmę ir paskyrė kunigais paprastus žmones, bet niekas iš Levio giminės negalėjo

tapti kunigu. Jie įvedė iškilmę aštunto mėnesio penkioliktą dieną, panašią į iškilmę Judo karalystėje. Visos šios nuodėmės negalėjo būti atleistos, ir Dievas apleido Dano giminę. Todėl Dano giminės vardas buvo pašalintas ir pakeistas Manaso giminės vardu. Manaso giminės vardo pridėjimas išpranašautas Pradžios knygoje 48, 5. Jokūbas tarė savo sūnui Juozapui:

> *Todėl abu tavo sūnūs, gimę Egipto žemėje prieš man atsikeliant pas tave į Egiptą, yra mano; Efraimas ir Manasas bus lygiai mano, kaip mano yra Rubenas ir Simeonas.*

Jokūbas, Izraelio tėvas, paskelbė Manasą ir Efraimą savais. Naujajame Testamente Apreiškimo Jonui knygoje matome, kad vietoje dano užrašytas Manaso giminės vardas.

Manaso giminės vardo užrašymas tarp dvylikos Izraelio giminių, nors jis ir nebuvo vienas iš dvylikos Izraelio vadų, rodo, kad pagonys užims izraelitų vietą ir bus išgelbėti.

Dievas padėjo savo tautos pamatus per dvylika Izraelio giminių. Maždaug prieš du tūkstančius metų Jis atvėrė vartus, nuplaudamas mūsų nuodėmes brangiu Jėzaus Kristaus krauju, pralietu ant kryžiaus, ir leido visiems priimti išgelbėjimą tikėjimu.

Dievas išsirinko Izraelio tautą, kilusią iš dvylikos giminių ir pavadino ją savo tauta, bet galiausiai ji liovėsi vykdžiusi Dievo valią, ir evangelija buvo paskelbta pagonims.

Pagonys, įskiepyta laukinio alyvmedžio atžala, pakeitė Dievo išrinktąją tautą Izraelį – alyvmedžio atžalą. Todėl apaštalas Paulius Laiške romiečiams 2, 28-29 sako, kad *„Ne tas yra tikras žydas, kuris viešai laikomas žydu, ir ne tas tikras* *apipjaustymas, kuris išoriškai atliktas kūne. Tiktai tas yra žydas, kuris toksai viduje, ir tiktai tuomet yra apipjaustymas, kai širdis apipjaustyta dvasioje, o ne pagal raidę. Tokiam ir gyrius ne iš žmonių, bet iš Dievo."*

Pagonys pakeitė Izraelio tautą, įvykdydami Dievo valią, kaip Manaso giminė pakeitė pašalintą Dano giminę. Todėl net pagonys gali įeiti į Naująją Jeruzalę pro dvylika vartų, turėdami tam būtiną tikėjimą.

Ne tik dvylikos Izraelio giminių nariai, bet ir tie, kurie tikėjimu tapo Abraomo palikuoniais, bus išgelbėti. Kai pagonys įtiki, Dievas nebelaiko jų pagonimis ir padaro juos dvylikos giminių nariais. Visos tautos bus išgelbėtos per dvylika vartų, ir tai yra Dievo teisumas.

Pagaliau dvylika Izraelio giminių dvasine prasme yra visi Dievo vaikai, išgelbėti tikėjimu, ir simbolizuodamas šį faktą Dievas užrašė dvylikos giminių vardus ant dvylikos Naujosios Jeruzalės vartų.

Tačiau kaip skirtingos šalys ir regionai turi skirtingą charakterį, taip danguje skiriasi kiekvienų iš dvylikos vartų ir giminių garbė.

3. Dvylikos apaštalų vardai užrašyti ant dvylikos pamatų

Kodėl dvylikos apaštalų vardai užrašyti ant dvylikos Naujosios Jeruzalės pamatų?

Statant pasatą, turi būti padėti pamatai, ant kurių statomi stulpai. Statinio dydį lengva apskaičiuoti, pažvelgus į pamatų gylį. Pamatai labai svarbūs, nes jie išlaiko viso pastato svorį. Dvylika pamatų buvo padėti Naujosios Jeruzalės mūro sienai ir dvylikai stulpų, tarp kurių paskui buvo padaryti dvylika vartų. Dvylikos pamatų ir dvylikos stulpų dydis pranoksta mūsų suvokimą, ir apie jį kalbėsime kitame skyriuje.

Dvylika pamatų yra svarbesni už dvylika vartų

Kiekvienas šešėlis turi savo šaltinį. Senasis Testamentas yra Naujojo Testamento šešėlis, nes Senasis Testamentas liudijo apie Jėzų, kuris turėjo ateiti į šį pasaulį ir būti Gelbėtoju, o Naujasis Testamentas aprašo Jėzaus, atėjusio į šį pasaulį, išpildžiusio visas pranašystes ir atvėrusiu išganymo kelią, tarnystę (Laiškas hebrajams 10, 1).

Dievas, padėjęs savo tautos pamatus per dvylika Izraelio giminių ir paskelbęs Įstatymą per Mozę, mokė dvylika apaštalų per Jėzų, meile įvykdžiusį Įstatymą, ir padarė juos Viešpaties liudytojais iki žemės pakraščių. Dvylika apaštalų yra didvyriai padėję įvykdyti Senojo Testamento Įstatymą ir pastatyti Naujosios Jeruzalės miestą, jie buvo ne šešėlis bet jo šaltinis.

Todėl dvylika Naujosios Jeruzalės pamatų yra svarbesni už dvylika vartų, ir dvylikos apaštalų vaidmuo svarbesnis už dvylikos Izraelio giminių.

Jėzus ir dvylika Jo mokinių

Jėzus, Dievo Sūnus, kūne tėjęs į šį pasaulį, pradėjo savo tarnystę, būdamas trisdešimties metų amžiaus, pašaukė savo mokinius ir mokė juos. Laikui atėjus, Jėzus suteikė savo apaštalams galią išvaryti demonus ir gydyti ligonius. Evangelija pagal Matą 10, 2-4 išvardija dvylika apaštalų:

> Štai dvylikos apaštalų vardai: pirmas Simonas, pavadintas Petru, ir jo brolis Andriejus, Zebediejaus sūnus Jokūbas ir jo brolis Jonas, Pilypas ir Baltramiejus, Tomas ir muitininkas Matas, Alfiejaus sūnus Jokūbas ir Tadas, Simonas Kananietis ir Judas Iskarijotas, kuris ir išdavė jį.

Jėzaus pasiųsti jie skelbė evangeliją ir darė stebuklingus Dievo darbus. Jie liudijo gyvąjį Dievą ir atvedė daug sielų į išgelbėjimo kelią. Visi jie, išskyrus Judą Iskarijotą, kuris šėtono sukurstytas išdavė Jėzų, tapo Viešpaties prisikėlimo bei įžengimo į dangų liudininkais ir karštai melsdamiesi patyrė Šventosios Dvasios galybę.

Paskui, kaip Viešpats buvo pažadėjęs, jie gavo Šventąją Dvasią bei jėgos ir tapo Viešpaties liudytojais Jeruzalėje, visoje Judėjoje, Samarijoje ir iki pat žemės pakraščių.

Motiejus pakeitė Judą Iskarijotą

Apaštalų darbai 1, 15-26 Judo Iskarijoto pakeitimo tarp dvylikos apaštalų procesą. Jie meldė Dievo ir metė burtus. Apaštalai norėjo, kad tai įvyktų pagal Dievo valią be jokių žmogiškų minčių įsikišimo. Galiausiai jie išrinko vieną iš Jėzaus mokytų vyrų, Motiejų.

Čia slypi priežastis, dėl kurios Jėzus vis tiek išsirinko Judą Iskarijotą, nors žinojo, kad jis bus išdavikas. Motiejaus išrinkimas reiškia, kad net pagonys gali būti išgelbėti. Taip pat tai reiškia, kad šiandien Dievo išrinkti tarnai užima Motiejaus vietą. Po Viešpaties prisikėlimo ir įžengimo į dangų, daug Dievo tarnų buvo paties Dievo, ir kiekvienas tapęs viena su Viešpačiu gali būti išrinktas Viešpaties apaštalu, kaip Motiejus tapo Jo apaštalu.

Paties Dievo išrinkti tarnai paklūsta savo Valdovui, atsakydami tik „taip". Jei Dievo tarnai nepaklūsta Jo valiai, jie negali ir neturi būti vadinami „Dievo tarnais" ar „Dievo išrinktais tarnais".

Dvylika apaštalų, įskaitant Motiejų, buvo panašūs į Viešpatį, pasiekė šventumą, pakluso Viešpaties mokymui ir savo gyvenime visiškai įvykdė Dievo valią. Jie tapo pasaulinės misijos pamatais, įvykdę savo pareigą ir tapę kankiniais.

Dvylikos apaštalų vardai

Išgelbėtieji tikėjimu, nors nepašventinti ir parodę ištikimybę ne visuose Dievo duotuose darbuose, gali apsilankyti Naujojoje Jeruzalėje su kvietimu, bet negali amžinai joje gyventi. Dvylikos apaštalų vardai užrašyti ant dvylikos pamatų tam, kad primintų mums, jog tik tie, kurie šiame gyvenime buvo pašventinti ir ištikimi visuose Dievo jiems patikėtuose darbuose, gali įeiti į Naująją Jeruzalę.

Dvylikos Izraelio giminių vardai reiškia visus Dievo vaikus išgelbėtus tikėjimu. Pašventintieji ir ištikimi Viešpačiui visu savo gyvenimu galės įeiti į Naująją Jeruzalę. Todėl dvylika pamatų yra svarbesni, ir dvylikos apaštalų vardai užrašyti ne ant vartų, bet ant dvylikos pamatų.

Kodėl Jėzus išsirinko tik dvylika apaštalų? Savo tobula

išmintimi Dievas įvykdo savo apvaizdą, kurią Jis suplanavo prieš laiko pradžią, ir pagal ją viską vykdo. Todėl mes žinome, kad Jėzus išsirinko tik dvylika apaštalų, vykdydamas Dievo planą.

Dievas, kildinęs dvylika Izraelio giminių Senajame Testamente ir išsirinkęs dvylika apaštalų Naujajame Testamente, naudoja skaičių 12, simbolizuojantį šviesą ir tobulumą, taip būsimųjų dalykų šešėlis – Senasis Testamentas ir jo šaltinis – Naujasis Testamentas tampa pora.

Dievas nekeičia savo ketinimų ir kadaise sukurto plano, Jis laikosi savo Žodžio. Todėl turime tikėti visu Biblijoje užrašytu Dievo Žodžiu, kaip Viešpaties nuotakoms ruoštis Jo sutikimui, ir siekti šventumo, kad įeitume į Naująją Jeruzalę kaip dvylika apaštalų.

Jėzus pasakė mums Apreiškime Jonui 22, 12: *„Štai aš veikiai ateinu, atsinešdamas atlygį, ir kiekvienam atmokėsiu pagal jo darbus."*

Koks būtų jūsų krikščioniškas gyvenimas, jeigu tikrai tikėtumėte, kad Viešpats greitai ateis? Jūs neturite pasitenkinti vien išgelbstinčiu tikėjimu į Jėzų Kristų, bet privalote stengtis atsikratyti nuodėmių ir ištikimai vykdyti visas savo pareigas.

Meldžiu Viešpaties Jėzaus Kristaus vardu, kad jūs paveldėtumėte amžinąją garbę ir palaimą Naujojoje Jeruzalėje kartu su mūsų tikėjimo protėviais, kurių vardai užrašyti ant dvylikos vartų ir dvylikos pamatų!

3 skyrius

Naujosios Jeruzalės dydis

1. Išmatuota aukso mastu
2. Kubo pavidalo Naujoji Jeruzalė

„Kalbantysis su manimi turėjo aukso mastą išmatuoti miestui, jo vartams ir mūrams. Miestas išdėstytas keturkampiu; jo ilgis ir plotis lygūs. Jis išmatavo miestą mastu ir rado dvylika tūkstančių stadijų. Jo ilgis, plotis ir aukštis lygūs. Jis išmatavo jo mūrą ir rado šimtą keturiasdešimt uolekčių žmonių mastu, tiek pat ir angelo mastu."

- Apreiškimas Jonui 21, 15-17 -

Kai kurie tikintieji mano, kad visi išgelbėtieji įeis į Naująją Jeruzalę, kurioje stovi Dievo sostas, arba neteisingai supranta, kad Naujoji Jeruzalė yra dangaus visuma. Tačiau Naujoji Jeruzalė yra tik begalinio dangaus dalis, bet ne visas dangus. Tik ištikimieji ir tobulai pašventinti Dievo vaikai gali į ją įžengti. Jums turbūt įdomu, kokio dydžio yra Naujoji Jeruzalė, kurią Dievas paruošė savo ištikimiesiems vaikams?

Pasigilinkime į Naujosios Jeruzalės dydį ir pavidalą bei juose slypinčią dvasinę prasmę.

1. Išmatuota aukso mastu

Turintiesiems tikrą tikėjimą ir karštą viltį įžengti į Naująją Jeruzalę tikrai įdomu sužinoti apie šventojo miesto pavidalą ir dydį. Ši vieta skirta pašventintiems ir panašiems į Viešpatį Dievo vaikams, todėl Jis taip nuostabiai ir didingai paruošė jiems Naująją Jeruzalę.

Apreiškime Jonui 21, 15 parašyta apie angelą, turintį aukso mastą išmatuoti Naujosios Jeruzalės vartams ir mūrams. Kodėl Dievas liepė išmatuoti Naująją Jeruzalę aukso mastu?

Aukso mastas yra tam tikra liniuotė matuoti atstumams danguje. Žinodami aukso ir masto reikšmę, galime suprasti, kodėl Dievas matuoja Naująją Jeruzalę aukso mastu.

Auksas simbolizuoja tikėjimą, jis nesikeičia, laikui bėgant. Aukso mastas simbolizuoja faktą, kad Dievo matas yra tikslus ir nesikeičiantis, ir visi Jo pažadai bus ištesėti.

Masto, kuriuo matuojamas tikėjimas, savybės

Senovėje nendrės būdavo naudojamos matavimui. Nendrė yra aukšta ir liauna. Ji linguoja vėjyje, bet niekada nelūžta, ji liauna ir kartu stipri. Nendrė turi gumbų, tai reiškia, kad Dievas apdovanoja žmones pagal jų darbus. Dievas matuoja Naujosios Jeruzalės miestą aukso mastu, kad tiksliai išmatuotų kiekvieno tikėjimą ir kiekvienam atlygintų pagal darbus. Aptarkime nendrės savybes ir dvasinę prasmę, kad suprastume, kodėl Dievas matuoja Naująją Jeruzalę aukso matu.

Visų pirma, nendrių šaknys labai ilgos ir stiprios, jų ilgis siekia nuo vieno iki trijų metrų. Nendrės auga kolonijomis pelkių ir ežerų smėlyje. Iš pažiūros jos turi silpnas šaknis, bet lengvai jų neišrausi.

Taip pat ir Dievo vaikai turi tvirtai įleisti tikėjimo šaknis ir stovėti ant tiesos uolos. Tik turėdamas nesikeičiantį tikėjimą, kurio nepakerta jokios aplinkybės, galėsi įžengti į Naująją Jeruzalę išmatuotą aukso mastu. Todėl apaštalas Paulius meldėsi už Efezo tikinčiuosius: *„kad Kristus per tikėjimą gyventų jūsų širdyse ir jūs, įsišaknįję ir įsitvirtinę meilėje"* (Laiškas efeziečiams 3, 17).

Antra, nendrių briaunos labai švelnios. Jėzus turėjo švelnią ir nuolankią širdį, panašią į nendrę. Jis niekada nesikivirčijo ir nešūkavo. Net kai kiti kritikuodavo ir persekiodavo Jį, Jėzus ne ginčydavosi, bet pasišalindavo.

Todėl tie, kurie tikisi įeiti į Naująją Jeruzalę turi turėti nuolankias širdis, panašias į Jėzaus. Jeigu jautiesi nesmagiai, kai kiti parodo tavo klaidas ar duoda tau pastabas, tavo širdis dar kieta ir išdidi. Nuolanki ir švelni kaip pūkas širdis su džiaugsmu priima kritiką ir be jokio nepasitenkinimo.

Trečia, nendrė linguoja vėjyje, bet nelūžta. Kartais stipri vėtra išrauna didelius medžius, bet niekada nenulaužia nendrių, nes jos liaunos, lanksčios. Šiame pasaulyje žmonės kartais lygina moterį su nendre blogąja prasme, bet Dievo palyginimas yra priešingas. Nendrės gali atrodyti labai silpnos, tačiau net stiprus vėjas jų nenulaužia, jų balti žiedai nepaprastai gražūs.

Nendrių liaunumas, stiprumas ir grožis yra puikus simbolis. Šiomis nendrių savybėmis pasižymi ir Izraelio tauta. Izraelio teritorija nedidelė, jis turi nedaug gyventojų ir yra apsuptas priešiškų kaimynų. Izraelis gali atrodyti silpna šalis, bet ji nepalūžta jokiomis aplinkybėmis, nes turi stiprų tikėjimą Dievu, kurio šaknys glūdi tikėjimo protėvių, įskaitant Abraomą, tikėjime. Nors ši šalis atrodo labai trapi, izraelitų tikėjimas dievu leidžia jiems išlikti tvirtiems.

Lygiai taip pat, kad įeitume į Naująją Jeruzalę, turime turėti tikėjimą, nepalūžtantį jokiomis aplinkybėmis, įsišaknijusį Jėzuje Kristuje, kuris yra uola. Turime būti kaip nendrės stipriomis šaknimis.

Ketvirta, nendrių stiebai yra tiesūs ir glotnūs, todėl jos dažnai būdavo naudojamos stogų dangai, strėlėms ir plunksnakočių plunksnoms. Tiesus stiebas taip pat byloja apie judėjimą pirmyn. Tik augantis tikėjimas yra gyvas. Siekiantieji tobulėjimo ir ugdantieji save diena iš dienos auga tikėjime ir artėja prie dangaus.

Dievas išsirenka šiuos gerus indus, artėjančius prie dangaus, apvalo juos ir padaro tobulus, kad šie žmonės galėtų įžengti į Naująją Jeruzalę. Todėl turime kilti į dangų kaip lapai, augantys ant tiesaus stiebo.

Penkta, daug poetų aprašė nendres ramybe dvelkiančiuose gamtovaizdžiuose, jų vaizdas labai švelnus ir gražus, jų lapai grakštūs ir elegantiški. Antras laiškas korintiečiams 2, 15 sako: „*Juk mes esame Kristaus kvapas Dievui tarp einančių į išganymą ir žengiančių į pražūtį,*" stovintieji ant tikėjimo uolos skleidžia Kristaus kvapą. Turinčiųjų tokias širdis veidai švyti malone ir paguoda, žmonės patiria dangų per juos. Įžengdami į Naująją Jeruzalę turime skleisti nuostabų Kristaus kvapą kaip švelnūs nendrių žiedai ir grakštūs lapai.

Šešta, nendrių lapai yra ploni ir aštriais kraštais, galinčiais įpjauti odą vos palietus. Taip pat ir tikintieji turi nepasiduoti nuodėmėms, bet ryžtingai atmesti blogį.

Danielius, didžiosios Persijos karaliaus mylimas ministras, patyrė sunkų išbandymą: pikti pavyduoliai priėmė nuosprendį įmesti jį į liūtų duobę. Tačiau Danielius nepalūžo ir tvirtai laikėsi savo tikėjimo. Todėl Viešpats atsiuntė savo angelą, kad užčiauptų liūtų nasrus, ir leistų Danieliui garbinti Dievą karaliaus ir visų žmonių akivaizdoje.

Dievui patinka toks tikėjimas kaip Danieliaus, nenusilenkiantis šiam pasauliui. Dievas apsaugo turinčiuosius tokį tikėjimą visuose sunkumose bei išbandymuose ir galiausiai leidžia atnešti Jam garbę. Taip pat Jis laimina juos ir padaro „*galva, o ne uodega*", kur jie bebūtų (Pakartoto Įstatymo knyga 28, 1-14).

Patarlių knyga 8, 13 sako: „*Pagarbiai bijoti VIEŠPATIES reiškia nekęsti to, kas pikta,*" ir jei turi to, kas pikta, savo širdyje, turi atsikratyti to karštomis maldomis ir pasninkavimu. Tik nesitaikstydamas su nuodėmėmis ir nekęsdamas blogio būsi pašventintas ir galėsi įžengti į Naująją Jeruzalę.

Mes aptarėme, kodėl Dievas matuoja Naujosios Jeruzalės miestą auksine matavimo nendre, apžvelgdami šešias nendrių savybes. Aukso masto naudojimas mums sako, kad Dievas tiksliai išmatuoja mūsų tikėjimą, atlygina pagal mūsų darbus šiame gyvenime ir įvykdo savo pažadus.

2. Kubo pavidalo Naujoji Jeruzalė

Biblijoje Dievas konkrečiai nurodo Naujosios Jeruzalės dydį ir pavidalą. Apreiškimo Jonui knyga 21, 16 sako, kad šventasis miestas yra kubo pavidalo, 2400 km (12 000 stadijų) ilgio, pločio ir aukščio. Kas nors gali paklausti: „Ar mes nesijausime ten užrakinti?" Tačiau Dievas padarė Naujosios Jeruzalės vidų labai jaukų ir malonų. Taip pat niekas nemato Naujosios Jeruzalės miesto vidaus iš išorės, bet viduje esantys žmonės mato išorę. Kitaip tariant, miesto viduje niekas nesijaus nepatogiai ar uždarytas.

Vienodas ilgis, plotis ir aukštis

Kodėl Dievas sukūrė Naująją Jeruzalę kubo formos? Vienodas ilgis ir plotis simbolizuoja Naujosios Jeruzalės miesto tvarką, tikslumą, teisingumą ir teisumą. Dievas palaiko visatos tvarką, nesuskaičiuojama daugybė žvaigždžių, Mėnulis, Saulė, Saulės sistema ir visa visata juda Jo nustatyta tvarka be menkiausio nukrypimo. Dievas sukūrė Naujosios Jeruzalės miestą kubo

Dangus II

pavidalo rodydamas, kad jis išlaiko visų dalykų bei istorijos tvarką ir tiksliai išpildo visus savo pažadus.

Naujoji Jeruzalė yra vienodo ilgio ir pločio, turi dvylika vartų ir dvylika pamatų, po tris kiekvienoje pusėje. Tai simbolizuoja, kad nesvarbu, kur žmogus gyvena šioje žemėje, taisyklės bus taikomos teisingai visiems nusipelniusiems įeiti į Naująją Jeruzalę. Žmonės, kurių šventumas patikrintas aukso mastu, įžengs į Naująją Jeruzalę, nepaisant lyties, amžiaus ar rasės.

Dievas, būdamas tiesus ir teisingas, teisia teisingai ir tiksliai pamatuoja, ar žmogus gali įžengti į Naująją Jeruzalę. Be to kvadratas simbolizuoja šiaurę, pietus, rytus ir vakarus. Dievas paruošė Naująją Jeruzalę ir šaukia savo tobulus, tikėjimu išgelbėtus vaikus iš visų tautų, iš visų keturių pasaulio pusių.

Apreiškimas Jonui 21, 16 sako: *„Miestas išdėstytas keturkampiu; jo ilgis ir plotis lygūs. Jis išmatavo miestą mastu ir rado dvylika tūkstančių stadijų. Jo ilgis, plotis ir aukštis lygūs."* Dvylika tūkstančių Graikijos stadijų yra maždaug 2400 kilometrų. Kubo formos Naujosios Jeruzalė yra 2400 km ilgio, pločio ir aukščio.

Apreiškimas Jonui 21, 17 byloja: *„Jis išmatavo jo mūrą ir rado šimtą keturiasdešimt uolekčių žmonių mastu, kurį vartojo ir angelas."*

Naujosios Jeruzalės miesto mūras yra 65 metrų storio, pavertus uolekčius metrais. Naujosios Jeruzalės miestas yra milžiniškas, ir jos mūras neregėto storio.

4 skyrius

Pastatyta iš gryno aukso ir visų spalvų brangakmenių

1. Papuošta grynu auksu ir įvairiais brangakmeniais
2. Naujosios Jeruzalės sienų mūras sudėtas iš jaspio
3. Sukurta iš gryno aukso, vaiskaus kaip stiklas

*„Jo mūras sukrautas iš jaspio,
o pats miestas iš gryno aukso,
panašaus į tyrą stiklą."*
- Apreiškimas Jonui 21, 18 -

Tarkime jūs turite neribotus turtus ir įgaliojimus pastatyti namą, kuriuose jūs ir jūsų mylimieji amžinai gyvensite. Kokį projektą pasirinktumėte? Kokias medžiagas naudotumėte? Nepaisant kainos, laiko ir darbo jėgos, reikalingos jo pastatymui, tikriausiai statytumėte patį nuostabiausią ir žavingiausią namą.

Ar ir mūsų Tėvas Dievas nenorėjo nuostabiai pastatyti Naująją Jeruzalę iš geriausių dangiškų medžiagų, kad amžinai gyventų joje su savo mylimais vaikais? Be to, visos medžiagos Naujojoje Jeruzalėje turi skirtingą reikšmę, pabrėžiančią mūsų su tikėjimu ir meile ištvertus laikus šioje žemėje, ir viskas ten didinga.

Suprantama, kad visa širdimi besiilgintieji Naujosios Jeruzalės nori kuo daugiau sužinoti apie šventąjį miestą.

Dievas pažįsta šių žmonių širdis ir Biblijoje suteikė mums įvairios informacijos apie Naująją Jeruzalę, įskaitant jos dydį, pavidalą, net mūro storį.

Iš ko pastatytas Naujosios Jeruzalės miestas?

1. Papuošta grynu auksu ir įvairiais brangakmeniais

Naujoji Jeruzalė, Dievo paruošta savo vaikams, pastatyta iš gryno aukso, kuris niekada nesikeičia, ir papuošta brangakmeniais. Danguje nėra tokių medžiagų kaip šios žemės dirva, kuri keičiasi, laikui bėgant. Naujosios Jeruzalė gatvės yra gryno aukso, o pamatai iš brangakmenių. Jei gyvybės vandens upės krantų smėlis yra auksas ir sidabras, kokios stulbinančios turi būti miesto pastatų medžiagos?

Naujoji Jeruzalė: Dievo šedevras

Garsiausių pasaulio pastatų puošnumas, vertė, elegancija ir subtilumas yra skirtingi. Tai lemia medžiagos, panaudotos jų statybai. Marmuras daug baltesnis, elegantiškesnis ir gražesnis už smėlį, medį ar cementą.

Ar įsivaizduojate, koks gražus ir nuostabus būtų pastatas, jeigu pastatytumėte jį iš aukso ir brangakmenių? Daug nuostabesni ir fantastiškesni pastatai danguje, pastatyti iš pačių nuostabiausių medžiagų!

Dievo sukurti dangaus brangakmeniai ir auksas savo kokybe, spalva ir tyrumu labai skiriasi nuo žemiškųjų. Jų tyrumo ir spindesio neįmanoma išreikšti žodžiais.

Net šioje žemėje iš to paties molio galima nužiesti daug skirtingų indų: nuo brangaus porceliano servizų iki pigių molinių dubenėlių, priklausomai nuo molio rūšies ir puodžiaus meistriškumo. Dievas tūkstančius metų statė Naująją Jeruzalę, savo šedevrą, pilną didingos, brangios ir tobulos Architekto garbės.

Grynas auksas simbolizuoja tikėjimą ir amžinąjį gyvenimą

Grynas auksas yra šimtaprocentinis auksas be jokių priemaišų, šioje žemėje tai vienintelė medžiaga, kuri niekada nesikeičia. Dėl šios savybės daug šalių naudojo jį kaip savo valiutos kurso standartą, papuošalams ir pramoniniams tikslams. Daugybė žmonių myli auksą ir trokšta jo.

Dievas davė mums aukso šioje žemėje, kad suprastume, jog yra dalykų, kurie niekada nesikeičia, ir amžinasis pasaulis egzistuoja. Šioje žemėje daiktai sudyla ir keičiasi, laikui bėgant. Jei visi daiktai būtų tokie, mums būtų sunku savo ribotu protu įsiprasti, kad yra amžinasis dangus.

Todėl Dievas per niekada nesikeičiantį auksą leidžia mums suprasti, kad yra amžinų dalykų. turime suprasti, kad yra niekada nesikeičiančių dalykų ir turėti amžinojo dangaus viltį. Grynas auksas simbolizuoja dvasinį tikėjimą, kuris niekada nesikeičia. Todėl išmintingas žmogus siekia įgyti tikėjimą panašų į niekada nesikeičiantį gryną auksą.

Danguje daug daiktų padarytų iš gryno aukso. Įsivaizduokite, kokie dėkingi mes būsime pamatę dangų, padarytą iš gryno aukso, kurį laikėme labai brangiu šioje žemėje!

Neišmintingiems žmonėms auksas yra tik turtų kaupimo ir puikavimosi priemonėm, todėl jie šalinasi Dievo, nemyli Jo ir galiausiai bus įmesti į ugnies ir sieros ežerą pragare, kurs amžinai gailėsis, sakydami: „Aš dabar nesikankinčiau pragare, jei tikėjimą būčiau branginęs taip, kaip branginau auksą."

Tikiuosi, jūs būsite išmintingas ir pateksite į dangų, stengdamasis įgyti nesikeičiantį tikėjimą, bet ne šio pasaulio auksą, kurį turėsite palikti, kai jūsų gyvenimas šioje žemėje baigsis.

Brangakmeniai simbolizuoja Dievo šlovę ir meilę

Brangakmeniai yra kieti ir turi aukštą šviesos lūžio rodiklį. Jų spalvos gražios, ir jie nuostabiai atspindi šviesą. Jie patinka daugumai žmonių ir yra laikomi brangiais, nes jų pagaminama nedaug. Danguje Dievas aprengs tikėjimu pasiekusius dangų žmones plonos drobės drabužiais, papuoštais daugybe brangakmenių, išreikšdamas savo meilę.

Žmonėms patinka brangakmeniai, jie stengiasi atrodyti gražesni, dabindamiesi įvairiais papuošalais. Ar įsivaizduojate, koks džiaugsmas užplūs, kai Dievas dovanos jus daug puikių brangakmenių danguje?

Galite paklausti: „Kam mums brangakmeniai danguje?" Danguje brangakmeniai rodo Dievo garbę, ir dovanotų brangakmenių kiekis byloja apie Dievo meilės apdovanotam žmogui mastą.

Danguje yra nesuskaičiuojamų rūšių ir spalvų brangakmenių. Dievas paėmė dvylikai Naujosios Jeruzalės pamatų vaiskios tamsiai mėlynos spalvos safyrą, vaiskiai žalią smaragdą, tamsiai raudoną rubiną, skaidrų gelsvai žalios spalvos chrizolitą; skaidrų jūros vandenį primenantį, melsvai žalią berilį; švelniai oranžinį topazą; pusiau vaiskų tamsiai žalią chrizoprazą ir ametistą, kuris būna šviesiai violetinės arba tamsaus purpuro spalvos.

Danguje yra nesuskaičiuojama daugybė kitų brangakmenių, žėrinčių nuostabiausiomis spalvomis, pavyzdžiui, jaspis, chalcedonas, sardoniksas ir hiacintas. Visi šie brangakmeniai turi skirtingus pavadinimus ir reikšmę, kaip ir brangakmeniai šioje žemėje. Spalvos ir pavadinimo derinys rodo kilnumą, orumą, vertę ir garbę.

Kaip ir brangakmeniai šioje žemėje žėri skirtingomis spalvomis ir atspindi šviesą skirtingais kampais, dangaus brangakmeniai spindi įvairiomis šviesomis ir spalvomis, o Naujojoje Jeruzalėje jie ypatingai žėri ir atspindi dvejopą arba trejopą šviesą.

Žinoma, šie brangakmeniai yra nepalyginamai puikesni už randamus šioje žemėje, nes pats Dievas nušlifavo juos savo kuriančia galia. Todėl apaštalas Jonas sako, kad Naujoji Jeruzalė graži kaip brangakmeniai.

Brangakmeniai Naujojoje Jeruzalėje žėri daug gražesnėmis šviesomis negu kitose buveinėse, nes į ją įžengsiantys Dievo vaikai turės panašias į Dievo širdis ir atneš Jam tobulą šlovę. Naujosios Jeruzalės išorė ir vidus yra padabinti nuostabiais daugybės rūšių įvairiaspalviais brangakmeniais. Tačiau jie skirti ne visiems, kiekvienas žmogus apdovanojamas jais pagal jo tikėjimo darbus, atliktus šioje žemėje.

2. Naujosios Jeruzalės sienų mūras sudėtas iš jaspio

Apreiškimas Jonui 21, 18 sako, kad Naujosios Jeruzalės mūras „sukrautas iš jaspio." Ar įsivaizduojate, koks didingas turi būti Naująją Jeruzalę supantis jaspio mūras?

Jaspis simbolizuoja dvasinį tikėjimą

Šioje žemėje randamas jaspis paprastai būna tamsus. Jo spalva gali būti žalia, raudona arba gelsvai žalia. jis gali būti mišrių spalvų ir kartais turi dėmių. Jaspio kietumas skiriasi priklausomai nuo spalvos. Jis gana pigus, ir kai kurios jo rūšys lengvai dūžta, bet Dievo sukurtas dangiškasis jaspis niekada nesikeičia ir nedūžta. Dangaus jaspis yra melsvai baltos spalvos ir yra toks vaiskus, kad atrodo, jog matai tyro vandens telkinį. Nors jis su niekuo nepalyginamas šioje žemėje, jis panašus į melsvai žėrinčius saulės šviesos atspindžius vandenyno bangose.

Jaspis simbolizuoja dvasinį tikėjimą. Tikėjimas yra pats svarbiausias krikščionio gyvenimo elementas. Be tikėjimo neįmanoma gauti išganymo ir patikti Dievui. Be to, be Dievui patinkančio tikėjimo negalima įeiti į Naująją Jeruzalę.

Naujosios Jeruzalės miestas pastatytas iš tikėjimo, ir brangakmenis, išreiškiantis šio tikėjimo spalvą, yra jaspis. Todėl Naujosios Jeruzalės mūras sukrautas iš jaspio.

Jeigu Biblija sakytų: „Naujosios Jeruzalės mūras sukrautas iš tikėjimo," ar žmonės suprastų tokius žodžius? Žinoma, tai nesuprantama žmogaus protui, ir būtų labai sunku įsivaizduoti, kaip nuostabiai išpuošta Naujoji Jeruzalė.

Mūras sukrautas iš jaspio žėri Dievo šlovės šviesa ir išpuoštas daugybe raštų bei ornamentų.

Naujosios Jeruzalės miestas yra Dievo Kūrėjo šedevras ir amžinojo poilsio vieta žmonėms, atnešusiems geriausių vaisių per 6000 metų žmonijos istoriją. Koks didingas, gražus ir puikus turi būti šis miestas?

Turime suprasti, kad Naujoji Jeruzalė pastatyta, naudojant mums nesuvokiamas technologijas ir įrangą.

Nors miesto mūras skaidrus, jo vidus yra nematomas iš išorės. Tačiau tai nereiškia, kad miesto gyventojai įkalinti tarp miesto sienų. Naujosios Jeruzalės gyventojai mato išorę iš vidaus, lyg miestas būtų be sienų. Tai nuostabu!

3. Sukurta iš gryno aukso, vaiskaus kaip stiklas

Apreiškimas Jonui 21, 18 sako: *"Pats miestas iš gryno aukso, panašaus į tyrą stiklą."* Panagrinėkime aukso savybes, kad įsivaizduotume Naująją Jeruzalę ir pabandytume suvokti jos grožį.

Aukso vertė nesikeičia

Auksas nesioksiduoja nei ore, nei vandenyje. Jis nesikeičia laikui bėgant ir nereaguoja su jokiomis cheminėmis medžiagomis. Auksas visada išlaiko vienodą gražų spindesį. Šioje žemėje auksas per minkštas, todėl mes naudojame jo lydinį; dangaus auksas ne minkštas. Danguje aukso ir brangakmenių spalvos ir kietumas skiriasi nuo randamų šioje žemėje, nes jie apšviesti Dievo šlovės šviesa.

Net šioje žemėje brangakmenių grožis ir vertė priklauso nuo juvelyro meistriškumo ir apdirbimo technikos. Kokie brangūs ir gražūs turi būti Naujosios Jeruzalės brangakmeniai, paties Dievo paliesti ir išraižyti?

Danguje nėra godumo ar troškimo turėti brangius ir gražius daiktus. Žemėje žmonėms patinka brangakmeniai dėl jų žavesio ir tuščios garbės, bet danguje brangakmeniai jiems patinka dvasiškai, nes jie žino kiekvieno iš jų dvasinę reikšmę ir suvokia Dievo, papuošusio dangų nuostabiais brangakmeniais, meilę.

Dievas pastatė Naująją Jeruzalę iš tyro aukso

Kodėl Dievas pastatė Naujosios Jeruzalės miestą iš tyro

aukso, skaidraus kaip stiklas? Jau minėjau, kad dvasiškai auksas reiškia tikėjimo ir iš jo gimusios vilties turtus, garbę ir valdžią. „Iš tikėjimo gimusi viltis" reiškia, kad jūs galite priimti išgelbėjimą, Naujosios Jeruzalės viltį, atsikratyti savo nuodėmių, šventėti ir laukti atlyginimo su viltimi, nes jūs turite tikėjimą.

Dievas pastatė šį miestą iš tyro aukso, kad įžengusieji į jį su aistringa viltimi būtų amžinai pilni dėkingumo ir laimės.

Apreiškimas Jonui 21, 18 sako, kad Naujoji Jeruzalė „iš gryno aukso, panašaus į tyrą stiklą." Taip apibūdintas nuostabus Naujosios Jeruzalės reginys. Auksas danguje grynas ir tyras kaip stiklas, ne toks kaip šioje žemėje randamas nepermatomas auksas.

Naujoji Jeruzalė yra nuostabi ir tyra, be jokios dėmės, nes jis pastatyta iš gryno aukso. Todėl apaštalas Jonas ir matė miestą „iš gryno aukso, panašaus į tyrą stiklą."

Pabandykite įsivaizduoti Naujosios Jeruzalės miestą, pastatytą iš gryno, puikaus aukso ir daug gražių įvairiaspalvių brangakmenių.

Kai priėmiau Viešpatį į savo širdį, aš nevertinau aukso ir brangakmenių ir niekada jų netroškau. Buvau pilnas dangaus vilties, ir nemylėjau daiktų šiame pasaulyje, tačiau kai meldžiausi, norėdamas daugiau sužinoti apie dangų, Viešpats man pasakė: *„Danguje viskas padaryta iš nuostabių brangakmenių ir aukso, tu turi juos vertinti."* Tačiau Jis nesakė man kaupti auksą ir brangakmenius. Aš supratau Dievo apvaizdą ir dvasinę brangakmenių reikšmę, pradėjau gėrėtis jais taip, kaip Dievui patinka.

Raginu jus dvasiškai gėrėtis auksu ir brangakmeniais. Kai

pamatysite auksą, galvokite: „Mano tikėjimas turi būti kaip grynas auksas." Kai pamatysite įvairių brangakmenių, stiprinkite dangaus viltį, klausdami savęs: „Kokia nuostabi bus mano buveinė danguje?"

Meldžiu Viešpaties Jėzaus Kristaus vardu, kad jūs turėtumėte dangiškąjį būstą iš niekada nesikeičiančio aukso ir puikių brangakmenių, įgiję tikėjimą kaip grynas auksas ir siekdami dangaus

5 skyrius

Dvylikos pamatų reikšmė

1. Jaspis: dvasinis tikėjimas
2. Safyras: dorumas ir sąžiningumas
3. Chalcedonas: nekaltumas ir pasiaukojanti meilė
4. Smaragdas: teisumas ir gerumas
5. Sardoniksas: dvasinė ištikimybė
6. Sardis: aistringa meilė
7. Chrizolitas: gailestingumas
8. Berilis: kantrybė
9. Topazas: dvasinis gerumas
10. Chrizoprazas: susivaldymas
11. Hiacintas: tyrumas ir šventumas
12. Ametistas: grožis ir romumas

„Miesto mūrų pamatai papuošti visokiais brangakmeniais. Pirmas pamatas yra jaspio, antras safyro, trečias chalcedono, ketvirtas smaragdo, penktas sardonikso, šeštas sardžio, septintas chrizolito, aštuntas berilio, devintas topazo, dešimtas chrizoprazo, vienuoliktas hiacinto, dvyliktas ametisto."

- Apreiškimas Jonui 21, 19-20 -

Apaštalas Jonas detaliai aprašė dvylika pamatų. Kodėl jis taip išsamiai aprašė Naująją Jeruzalę? Dievas nori, kad Jo vaikai įgytų amžinąjį gyvenimą ir tikrą tikėjimą, žinodami dvasinę Dvylikos Naujosios Jeruzalės pamatų reikšmę.

Kodėl Dievas dvylikai pamatų panaudojo dvylika brangakmenių? Dvylikos brangakmenių derinys simbolizuoja Jėzaus Kristaus ir Dievo širdį, meilės kulminaciją. Jeigu suprasite dvasinę kiekvieno iš dvylikos brangakmenių reikšmę, lengvai nustatysite, kiek jūsų širdys panašios į Jėzaus Kristaus, ir kiek jūs esate tinkami gyventi Naujojoje Jeruzalėje.

Patyrinėkime dvylika brangakmenių ir išsiaiškinkime jų dvasinę reikšmę.

1. Jaspis: dvasinis tikėjimas

Jaspis, pirmasis Naujosios Jeruzalės mūro pamatas, reiškia dvasinį tikėjimą. Tikėjimą galima suskirstyti į dvasinį ir kūnišką. Kūniškas tikėjimas pagrįstas tik žiniomis, o dvasinis tikėjimas yra lydimas darbų, kylančių iš tikinčiojo širdies. Dievui reikia ne kūniško, bet dvasinio tikėjimo. Jeigu jūs neturite dvasinio tikėjimo, jūsų „tikėjimo" nelydės darbai, ir jūs negalėsite nei patikti Dievui, nei įeiti į Naująją Jeruzalę.

Dvasinis tikėjimas yra krikščioniško gyvenimo pagrindas

Dvasinis tikėjimas reiškia giliai širdyje turimą tikėjimą visu

Dievo Žodžiu. Jeigu turite tokį tikėjimą, lydymą darbų, jūs stengsitės būti pašventinti ir sieksite Naujosios Jeruzalės. Dvasinis tikėjimas yra pats svarbiausias krikščioniško gyvenimo elementas. Be tikėjimo jūs negalite būti išgelbėti, sulaukti atsakymų į savo maldas ir tikėtis dangaus.

Laiškas hebrajams 11, 6 mums primena: „*Juk be tikėjimo neįmanoma patikti Dievui. Kas artinasi prie Dievo, tam būtina tikėti, kad jis yra ir jo ieškantiems atsilygina.*" Jeigu jūs turite tikrą tikėjimą, jūs tikėsite Dievą, kuris jums atsilygina, ir būsite ištikimas, kovosite su nuodėmėmis, kad jų atsikratytumėte, ir eisite siauruoju keliu. Jūs pajėgsite uoliai daryti gera ir įžengti į Naująją Jeruzalę, paklusdami Šventajai Dvasiai.

Todėl tikėjimas yra krikščioniško gyvenimo pagrindas. Kaip pastatas negali būti saugus be tvirto pamato, tai jūs negalite gyventi krikščioniškai be tvirto tikėjimo. Todėl Judo laiškas 1, 20-21 mus ragina: „*Bet jūs, mylimieji, statykite save ant savo švenčiausiojo tikėjimo! Melskitės Šventojoje Dvasioje! Išsilaikykite Dievo meilėje laukdami mūsų Viešpaties Jėzaus Kristaus gailestingumo amžinajam gyvenimui.*"

Abraomas, tikėjimo tėvas

Abraomas yra žymiausias asmuo Biblijoje, turėjęs nesikeičiantį tikėjimą Dievo Žodžiu ir tobulai parodęs paklusnumo darbus. Jis buvo pavadintas „tikėjimo tėvu", nes visada tobulai atliko tikėjimo darbus.

Jis gavo didžiulį Dievo palaiminimą, sulaukęs 75 metų amžiaus. Dievas pažadėjo kildinti iš Abraomo didelę tautą ir padaryti Abraomą jos palaiminimo šaltiniu. Jis patikėjo

Dievo žodžiu ir paliko savo gimtinę, bet daugiau nei 20 metų nesusilaukė sūnaus, kuris taptų jo įpėdiniu.
Daug laiko praėjo, ir Abraomas ir jo žmona Sara tapo per seni, kad susilauktų vaikų. Net tokioje padėtyje, kaip sako Laiškas romiečiams 4, 19-20: *„Jis nesvyruodamas tikėjo."* Jis įsitvirtino tikėjime, nė kiek neabejojo Dievo pažadu, ir susilaukė sūnaus Izaoko, būdamas 100 metų amžiaus.

Tačiau buvo dar vienas įvykis, kurio metu Abraomo tikėjimas sušvito dar skaisčiau. Tai įvyko tada, kai Dievas įsakė Abraomui paaukoti savo vienintelį sūnų Izaoką. Abraomas neabejojo Dievo Žodžiu, pažadėjusiu duoti jam per Izaoką nesuskaičiuojamą daugybę palikuonių. Turėdamas tvirtą tikėjimą Dievo Žodžiu jis galvojo, kad Dievas prikels Izaoką iš numirusiųjų, net jei jis paaukos jį deginamąją auka.

Todėl jis iš karto pakluso Dievo Žodžiui. Taip Abraomas nusipelnė būti tikėjimo tėvu. Taip pat iš Abraomo ainių kilo Izraelio tauta. Tai reiškia, kad jo tikėjimas atnešė ir gausių kūno vaisių.

Jis tikėjo Dievu ir Jo Žodžiu, todėl klusniai jį vykdė. Tai dvasinio tikėjimo pavyzdys.

Petras gavo dangaus karalystė raktus

Pasvarstykime apie žmogų, turėjusį tokį dvasinį tikėjimą. Kokį tikėjimą turėjo apaštalas Petras, kad jo vardas užrašytas ant vieno Naujosios Jeruzalės pamato? Net prieš pašaukimą tapti mokiniu Petras pakluso Jėzui, pavyzdžiui, kai Jėzus pasakė jam užmesti tinklus žuvims sugauti, jis iškart sutiko (Evangelija pagal Luką 5,

3-6). Taip pat, kai Jėzus pasakė jam atvesti asilę su asilaičiu, jis su tikėjimu pakluso (Evangelija pagal Matą 21, 1-7). Petras pakluso, kai Jėzus liepė jam nueiti prie ežero, pagauti žuvį ir paimti iš jos monetą (Evangelija pagal Matą 17, 27). Be to, jis ėjo vandeniu kaip Jėzus, nors ir labai trumpai. Tai rodo, kad Petras turėjo didžiulį tikėjimą.

Jėzus matė Petro tikėjimą ir davė jam dangaus karalystės raktus, kad tai, ką jis suriš žemėje, būtų surišta danguje, ir ką atriš žemėje, būtų atrišta ir danguje (Evangelija pagal Matą 16, 19). Petro tikėjimas tapo dar tobulesnis, kai jis gavo Šventąją Dvasią. Jis drąsiai liudijo Jėzų Kristų, pasišventė Dievo karalystei ir visą likusį gyvenimą jai tarnavo, kol galiausiai tapo kankiniu.

Mes turime siekti dangaus kaip Petras, garbinti Dievą ir paveldėti Naująją Jeruzalę tikėjimu, kuris Jam patinka.

2. Safyras: dorumas ir sąžiningumas

Safyras, antras Naujosios Jeruzalės mūro pamatas yra permatomas, tamsiai mėlynos spalvos. Kokia safyro dvasinė reikšmė? Jis simbolizuoja dorą ir sąžiningą tiesos laikymąsi, tvirtai atsispiriantį visiems šio pasaulio gundymams ir grėsmės. Safyras simbolizuoja nesikeičiančią tiesos šviesą ir dorą širdį, teisingai suvokiančią Dievo valią.

Danielius ir jo trys draugai

Puikus dorumo ir sąžiningumo pavyzdys Biblijoje yra Danielius ir trys jo draugai – Šadrachas, Mešachas ir Abed Negas.

Danielius nedarė nieko, kas prieštaravo teisiojo Dievo valiai, net jei tai buvo karaliaus įsakymas. Danielius tvirtai laikėsi savo teisumo prieš Dievą ir už tai buvo įmestas į liūtų narvą. Dievui taip patiko sąžiningas Danieliaus tikėjimas, kad Jis apsaugojo jį, atsiuntęs savo angelą užčiaupti liūtų nasrus, tai leido Danieliui didingai pagarbinti Dievą.

Danieliaus knyga 3, 16-18 sako, kad trys Danieliaus draugai taip pat sąžiningai laikėsi tikėjimo ir už tai buvo įmesti į degančią krosnį. Jie atsisakė nusilenkti stabui ir drąsiai pareiškė karaliui:

O Nebukadnecarai, mums nėra reikalo ką nors tau atsakyti. Jei mūsų Dievas, kuriam tarnaujame, gali mus išgelbėti iš ugnimi plieskiančios krosnies ir tavo rankos, karaliau, teišgelbsti. Bet jeigu ne, karaliau, tebūna tau žinoma, kad mes tavo dievams netarnausime ir aukso statulos, kurią tu pastatei, negarbinsime.

Nors krosnis buvo iškūrenta septynis kartus karščiau nei įprastai, trys Danieliaus draugai nė kiek neapdegė, nes Dievas buvo su jais. Net jų plaukai neapsvilo, ir ugnies kvapas nesklido nuo jų! Tai pamatęs karalius pagarbino Dievą ir paaukštino tris Danieliaus draugus.

Turime prašyti tikėdami, nė kiek neabejodami

Jokūbo laiškas 1, 6-8 sako, kad Dievui nepatinka nepastovi širdis :

> *Tegul prašo tikėdamas, nė kiek neabejodamas, nes abejojantis žmogus panašus į jūros bangas, varinėjamas ir blaškomas vėjo. Toksai žmogus tegul nemano ką nors gausiąs iš Viešpaties – toks dvilypis, visuose savo keliuose nepastovus žmogus.*

Jei mūsų širdys nedoros, ir mes nors truputį abejojame Dievu, mes esame dvilypiai. Abejojantieji lengvai pasiduoda šio pasaulio pagundoms, nes jie neatidūs ir sukti. Be to, „dvilypiai" žmonės nemato Dievo šlovės, nes negali parodyti savo tikėjimo ir paklusti. Todėl Jokūbo 1, 7 primena mums: *„Toksai žmogus tegul nemano ką nors gausiąs iš Viešpaties."*

Praėjus nedaug laiko po to, kai įkūriau savo bažnyčią, trys mano dukros vos nemirė, apsinuodiję anglies monoksidu. Tačiau aš visai nesijaudinau ir nė negalvojau vežti jų į ligoninę, nes visiškai pasitikėjau visagaliu Dievu. Aš atsiklaupiau prie altoriaus ir meldžiausi, dėkodamas Dievui. Paskui su tikėjimu meldžiausi: „Įsakau Jėzaus Kristaus vardu! Nuodingos dujos, išeikite!" Mano dukterys gulėjo be sąmonės ir, kai aš meldžiausi už kiekvieną iš jų, iš karto pakilo sveikos. Daug bažnyčios narių, buvusių šio įvykio liudininkais, apstulbo iš džiaugsmo ir garbino Dievą.

Jeigu mes turime tikėjimą, niekada nesitaikstantį su šiuo pasauliu, ir Dievui patinkančias doras širdis, mes atnešame Jam beribę garbę ir gyvename Kristaus palaimoje.

3. Chalcedonas: nekaltumas ir pasiaukojanti meilė

Chalcedonas, trečias Naujosios Jeruzalės mūro pamatas, simbolizuoja nekaltumą ir pasiaukojančią meilę.

Nekaltumas yra būsena, kai žmogus nesusitepęs darbais ir nenusikaltęs širdyje. Dvasiškai chalcedonas reiškia tyros širdies žmogaus pasiaukojimą.

Pasiaukojanti meilė niekada neprašo jokio atlygio, siekdama teisumo ir Dievo karalystės. Pasiaukojančią meilę turintis žmogus džiaugiasi, mylėdamas kitus bet kokiose aplinkybėse, ir nesiekia jokio atlygio. Dvasinė meilė siekia ne savo naudos, bet tik kitų gerovės.

Kūniška meilė palieka žmogų tuščią, liūdną susisielojusį, jei jis nesulaukia atsako į savo meilę, nes ši meilė yra iš esmės savanaudiška. Todėl kūniškai mylintis ir neturintis pasiaukojančios širdies žmogus gali imti nekęsti kitų arba tapti priešu tiems, su kuo kažkada artimai draugavo.

Todėl turime suprasti, kad tikroji meilė yra Viešpaties, kuris mylėjo visą žmoniją ir tapo atpirkimo auka.

Pasiaukojanti meilė nelaukia jokio atpildo

Mūsų Viešpats Jėzus, būdamas paties Dievo prigimtis, tapo niekuo, nusižemino ir atėjo į žemę kūne, kad išgelbėtų visą žmoniją. Jis gimė tvarte ir gulėjo ėdžiose, kad išgelbėtų žmones, kurie yra kaip gyvuliai. Jis visą gyvenimą gyveno neturtingai, kad išgelbėtų mus iš skurdo. Jėzus gydė ligonius, stiprino silpnuosius, suteikė viltį jos neturintiems ir draugavo su atstumtaisiais. Jis rodė mums tik gerumą ir meilę, bet už tai pikti žmonės, nesupratę, kad Jis yra mūsų Gelbėtojas, tyčiojosi iš Jo, nuplakė ir galiausiai nukryžiavo Jį, vainikavę erškėčių vainiku.

Jėzus, net kęsdamas skausmą ant kryžiaus, su meile maldavo Dievo Tėvo malonės tyčiojusiems iš Jo ir nukryžiavusiems Jį žmonėms. Jis buvo nekaltas ir nesuteptas, bet pasiaukojo už visus nuodėmingus žmones. Mūsų Viešpats atidavė savo pasiaukojančią meilę visai žmonijai ir nori, kad visi vieni kitus mylėtų. Todėl mes, gavusieji šią meilę iš Viešpaties, turime nenorėti ir nelaukti jokio atlygio, jei tikrai mylime kitus.

Pasiaukojanti Rūtos meilė

Rūta buvo ne izraelitė, bet moabitė. Ji ištekėjo už Noomės, atvykusios į Moabo žemę gelbėtis nuo bado Izraelyje, sūnaus. Naomė turėjo du sūnus, abu jie vedė moabietes, bet abu ten ir mirė.

Paskui Naomė išgirdo, kad badas Izraelyje pasibaigė, ir panoro grįžti į Izraelį. Naomė pasiūlė savo marčioms pasilikti Moabe, jų tėvynėje. Viena iš pradžių atsisakė, bet galiausiai grįžo pas savo tėvus, tačiau Rūta pasiryžo iškeliauti su savo anyta.

Neturėdama pasiaukojančios meilės Rūta nebūtų galėjusi taip pasielgti. Rūta turėjo remti savo anytą, kuri buvo labai sena, ir gyventi visiškai svetimoje jai šalyje. Ji negavo jokio atlygio, nors ir labai gerai tarnavo savo anytai.

Rūta rodė pasiaukojančią meilę savo anytai, su kuria neturėjo jokios kraujo giminystės, ji buvo jai kaip visai svetimas žmogus. Tačiau Rūta tikėjo Dievu, kuriuo tikėjo jos anyta. Pasiaukojanti Rūtos meilė atsirado ne iš pareigos jausmo. Tai buvo dvasinė meilė, kylanti iš tikėjimo Dievu.

Rūta su savo anyta atvyko į Izraelį ir dirbo labai sunkų darbą. Dieną rinko varpas laukuose, kad turėtų maisto ir išmaitintų savo anytą. Žinia apie tokį nuoširdų gerumą pasklido žmonėse. Galiausiai Rūta sulaukė daugybės palaiminimų per Boazą, kuris tapo atpirkėju ir buvo jos anytos giminaitis.

Daug žmonių mano, kad nusižeminę ir pasiaukoję jie sumenkins savo vertę. Todėl jie negali aukotis arba nusižeminti. Tačiau pasiaukojantieji iš tyros širdies ir be jokių savanaudiškų paskatų tampa žinomi Dievui ir žmonėms. Gerumas ir meilė šviečia kitiems kaip dvasinė šviesa. Dievas prilygina pasiaukojančios meilės šviesą chalcedono spindesiui, trečiajam pamatų brangakmeniui.

4. Smaragdas: teisumas ir gerumas

Smaragdas, ketvirtas Naujosios Jeruzalės mūro pamatas, yra žalias ir simbolizuoja gamtos grožį ir švelnią žalumą. Dvasiškai smaragdas simbolizuoja teisumą ir tyrumą ir yra šviesos vaisius, kaip parašyta Laiške efeziečiams 5, 9: *„O šviesos vaisiai reiškiasi visokeriopu gerumu, teisumu ir tiesa."* Spalva, deranti su „visokeriopu gerumu, teisumu ir tiesa," yra dvasinis smaragdo spindesys. Tik turėdami visokeriopą gerumą, teisumą ir tiesą tampame teisūs Dievo akyse.

Mums nepakanka gerumo be teisumo arba teisumo be gerumo. Gerumas ir teisumas turi būti teisingi. Tiesa niekada nesikeičia. Mūsų gerumas ir teisumas yra beprasmis be teisingumo.

Dievo pripažįstamas „teisumas" yra nuodėmių atsikratymas, Biblijos įsakymų vykdymas, apsivalymas nuo visų neteisių darbų purvo, ištikimas Dievui gyvenimas ir taip toliau. Taip pat Dievo karalystės ir Jo teisybės ieškojimas, drausmingas elgesys, nenukrypimas nuo teisingumo, tvirtas teisumo laikymasis yra Dievo pripažįstamas teisumas.

Kad ir kokie romūs ir geri būtume, mes neatnešime šviesos vaisių, jei nebūsime teisūs. Tarkime, kas nors griebia jūsų tėvą už gerklės ir įžeidinėja, nors jis nekaltas. Jeigu jūs tyliai sėdėsite ir stebėsite savo tėvo kančias, nebūsite teisus, jūs neatliksite savo pareigos tėvui.

Todėl gerumas be teisumo nėra dvasinis gerumas Dievo akyse. Ar gali būti geras bailus ir neryžtingas žmogus? Taip pat ir teisumas be gerumo nėra teisumas Dievo akyse.

Dovydo teisumas ir gerumas

Dovydas buvo antrasis Izraelio karalius iš karto po Sauliaus. Kai Saulius buvo karalius, Izraelis kariavo su filistinais. Dovydas patiko Dievui savo tikėjimu ir nugalėjo Galijotą. Taip Izraelis pasiekė pergalę.

Kai visi žmonės pamilo Dovydą, Saulius iš pavydo bandė nužudyti jį. Saulius dėl savo puikybės ir nepaklusnumo buvo jau apleistas Dievo, kuris pažadėjo padaryti Dovydą karaliumi vietoje Sauliaus.

Šiose aplinkybėse Dovydas elgėsi su Sauliumi gerai, teisingai ir ištilkimai. Būdamas nekaltas Dovydas turėjo ilgai bėgti nuo Sauliaus, kuris siekė jo mirties. Vieną kartą Dovydas turėjo puikią progą nužudyti Saulių. Dovydo kariai apsidžiaugė ir norėjo nužudyti Saulių, bet Dovydas juos sustabdė.

Samuelio pirma knyga 24, 6-7 sako: „*Bet po to Dovydui gėlė širdis, kam jis nupjovė Sauliaus skraistės skverną.* „*Tegu VIEŠPATS mane apsaugo, –* sakė jis savo vyrams, – *kad aš drįsau padaryti tokį dalyką savo viešpačiui – VIEŠPATIES pateptajam, pakeldamas ranką prieš jį. Juk jis – VIEŠPATIES pateptasis!*'"

Nors Saulius buvo Dievo apleistas, Dovydas negalėjo nužudyti Dievo pateptojo Izraelio karaliumi, nes tik Dievas galėjo leisti Sauliui gyventi arba mirti, Dovydas neviršijo savo galių. Dievas sako, kad Dovydas turėjo teisią širdį.

Jo teisumas buvo kupinas jaudinančio gerumo. Saulius bandė jį nužudyti, bet Dovydas išgelbėjo Sauliaus gyvybę. Tai nuostabus gerumas. Jis atmokėjo už blogį ne blogiu, bet gerais žodžiais ir darbais. Šis gerumas ir teisumas buvo teisingas, nes jo šaltinis buvo teisingumas.

Kai Saulius sužinojo, kad Dovydas pasigailėjo jo gyvybės, jis labai susijaudino dėl tokio gerumo ir atrodė, kad jo širdis pasikeitė. Tačiau jis greitai persigalvojo ir vėl bandė nužudyti Dovydą. Dovydas dar kartą turėjo progą nužudyti Saulių, bet vėl dovanojo jam gyvybę. Dovydas parodė nesikeičiantį gerumą ir teisumą, patinkantį Dievui.

Jei Dovydas būtų nužudęs Saulių, kai turėjo pirmą progą, ar nebūtų greičiau tapęs karaliumi ir išvengęs daug kančių? Kai susiduriame su kančiomis ir sunkumais, turime ryžtingai pasirinkti Dievo teisumą. Jeigu Dievas pripažins mūsų teisumą, mes gyvensime visai kitame Dievo apsaugos lygyje. Dovydas nenužudė Sauliaus. Saulius buvo pagonių nužudytas. Kaip Dievas ir buvo numatęs, Dovydas tapo Izraelio karaliumi ir labai sustiprino Dievo tautą. Dievui labai patiko teisi ir tyra Dovydo širdis, tai buvo pagrindinė sėkmingo Dovydo karaliavimo priežastis.

Taip pat ir mes turime siekti gerumo, teisumo ir tiesos harmonijos, kad atneštume gausių šviesos vaisių – smaragdo, ketvirtojo pamato, vaisių ir skleistume Dievui patinkantį teisumo kvapą.

5. Sardoniksas: dvasinė ištikimybė

Sardoniksas, penktas Naujosios Jeruzalės mūro pamatas, dvasiškai simbolizuoja ištikimybę. Jeigu mes darome tik tai, ką turime daryti, negalime sakyti, kad esame ištikimi. Mes esame ištikimi, kai darome daugiau negu privalome. Kad padarytume daugiau, negu mūsų pareigos reikalauja, negalime būti tingūs. Turime uoliai ir darbščiai atlikti savo pareigas ir paskui padaryti dar daugiau.

Tarkime, aš esu darbuotojas. Jei aš tik gerai atlieku savo darbą, ar galime sakyti, kad esu ištikimas? Aš tik padariau tai, ką turėjau padaryti, todėl negalime sakyti, kad esu darbštus ir ištikimas. Aš turiu padaryti ne tik man patikėtą darbą, bet ir visu protu ir širdimi stengtis padaryti daugiau negu man priklauso. Tik tada galima sakyti, kad aš esu ištikimas.

Turėti Dievo pripažintą darbštumą ir ištikimybę reiškia įatlikti savo pareigą visa širdimi, protu, siela ir gyvenimu. Ši ištikimybė turi būti visose srityse: bažnyčioje, darbe ir šeimoje. Tik tada mes esame ištikimi visuose Dievo darbuose.

Dvasinės ištikimybės paslaptis

Kad būtume dvasiškai ištikimi, mes turime turėti teisią širdį. Turime trokšti Dievo karalystės augimo, kad bažnyčia prabustų ir augtų, darbo vieta klestėtų ir mūsų šeimos būtų laimingos. Jeigu siekiu ne vien savo naudos, bet trokštu kitų ir bendruomenės klestėjimo, aš turiu teisią širdį.

Kad būtume ištikimi, mūsų širdis turi būti ne tik teisi, bet ir pasiaukojanti. Jeigu galvojame: „Svarbiausias dalykas yra mano klestėjimas, ne bažnyčios augimas," tikriausiai mes nesiaukojame bažnyčiai. Mes nerasime ištikimybės tokiame žmoguje. Dievas taip pat nelaiko tokios širdies teisia.

Jei be teisumo turime ir pasiaukojančią širdį, mes ištikimai darbuojamės dėl sielų išgelbėjimo ir bažnyčios augimo. Net specialiai neįpareigoti mes uoliai skelbiame evangeliją. Net niekieno neprašomi rūpinamės kitais. Mes aukojame kitiems savo laisvalaikį. Mes leidžiame savo pinigus kitų labui ir daliname jiems savo meilę ir ištikimybę.

Norėdami būti ištikimi visose srityse turime būti geraširdžiai. Turintieji gerą širdį nenukrypsta nei į vieną, nei į kitą pusę. Jei mes apleidžiame kokią nors sritį, nesijausime patogiai, jei esame geraširdžiai.

Jei esi geraširdis, ištikimai vykdysi visas savo pareigas. Tu neapleisi kitos žmonių grupės, galvodamas: „Kadangi esu šio grupės vadovas, kitos grupės nariai supras, kodėl neatėjau į susitikimą." Gerumas neleis tau apleisti kitos grupės. Net negalėdamas atvykti į susitikimą, tu ką nors padarysi ir pasirūpinsi ta grupe.

Šis nusistatymas priklauso nuo tavo gerumo. Jeigu turi nedaug gerumo, tu nelabai rūpinsiesi kita grupe, bet jei turi daugiau gerumo, tu neignoruosi to, kas sukelia nerimą tavo širdyje. Tu žinai, kas yra gerumo darbai, ir jeigu nedarai jų, tau sunku tai pakelti. Tu rasi ramybę tik gerumo darbuose.

Tutintieji gerą širdį greitai pajus nerimą širdyje, jeigu nedarys to, ką turi daryti bet kokiomis aplinkybėmis darbe ir namuose. Jie nesiteisins nepalankiomis aplinkybėmis.

Pavyzdžiui, moteris turi daug pareigų bažnyčioje. Ji praleidžia labai daug laiko bažnyčioje, todėl vyrui ir vaikams skiria mažiau laiko nei anksčiau.

Jeigu ji geraširdė ir ištikima visose srityse, ji turi duoti savo vyrui ir vaikams daugiau meilės ir labiau rūpintis jais. Ji turi padaryti viską, ką gali, visose srityse ir darbuose.

Tada ją supantys žmonės pajus tikrąjį jos širdies aromatą ir bus patenkinti, nes jaus gerumą ir ištikimą meilę, jie stengsis ją suprasti ir jai padėti. Ji gyvens taikoje su visais. Tai ir yra geros širdies ištikimybė visuose Dievo namuose.

Mozei buvo patikėti visi Dievo namai

Mozė buvo pranašas, Dievo pripažintas tokiu mastu, kad Jis kalbėjosi su juo akis į akį. Mozė atliko visas savo pareigas iki galo, kad įvykdytų tai, ką Dievas įsakė, nesukdamas galvos apie savo sunkumus. Izraelitai vis skundėsi ir buvo neklusnūs, susidūrę su nedideliais sunkumais, nors buvo matę ir patyrę Dievo ženklus ir stebuklus, bet Mozė toliau vedė juos su tikėjimu ir meile. Net kai Dievas supyko ant izraelitų už jų nuodėmes, Mozė nenusigręžė nuo jų. Jis atėjo pas VIEŠPATĮ ir pasakė:

> *„Deja! Ši tauta nusidėjo sunkia nuodėme. Pasidarė sau dievą iš aukso! O dabar, jei tu tik atleistum jų nuodėmę... Bet jei ne, ištrink mane iš knygos, kurią parašei!"* (Išėjimo knyga 32, 31-32)

Jis pasninkavo už savo tautą, rizikavo savo gyvybe ir buvo ištikimesnis, negu Dievas tikėjosi. Todėl Dievas pripažino Mozę, sakydamas: *„Jam patikėti visi mano namai"* (Skaičių knyga 12, 7).

Sardonikso simbolizuojama ištikimybė yra ištikimybė iki mirties, pasak Apreiškimo Jonui 2, 10. Tai įmanoma tik tada, kai mylime Dievą labiau už viską. Tai viso mūsų laiko, visų pinigų ir net gyvybės atidavimas, kad visa širdimi ir visu protu padarytume daugiau negu privalome.

Senovėje lojalūs vasalai tarnaudavo karaliui ir būdavo ištikimi savo tautai, net jei reikėdavo paaukoti savo gyvybę. Jeigu karalius būdavo tironas, tikrai lojalūs vasalai patardavo karaliui elgtis teisingai, nors tai galėjo labai greitai baigtis mirtimi. Juos ištemdavo arba nubausdavo mirtimi, bet jie buvo ištikimi, nes mylėjo savo karalių ir tautą, net jei meilė pareikalaudavo jų gyvybės.

Mes turime mylėti Dievą labiau už viską, kad padarytume daugiau negu iš mūsų paprašyta kaip lojalūs vasalai, aukojantys savo gyvybę už tautą, ir kaip Mozė, kuriam buvo patikėti visi

Dievo namai, kad jis siektų Dievo karalystės ir teisumo. Mes turime būti pašventinti ir ištikimi visose gyvenimo srityse, kad galėtume įžengti į Naująją Jeruzalę.

6. Sardis: aistringa meilė

Sardis yra skaidrus, tamsiai raudonos spalvos ir simbolizuoja liepsnojančią saulę. Jis yra šeštas Naujosios Jeruzalės mūro pamatas ir dvasiškai simbolizuoja aistrą, entuziazmą ir aistringą meilę, siekiant Dievo karalystės ir teisumo. Tai drąsa ištikimai atlikti duotas užduotis ir pareigas visomis savo jėgomis.

Skirtingi aistringos meilės lygiai

Meilė būna skirtingų lygių, bet bendrai ją galima padalinti į kūnišką ir dvasinę meilę. Dvasinė meilė niekada nesikeičia, nes ji Dievo duota, bet kūniška meilė greitai keičiasi, nes iš esmės ji yra savanaudiška.

Kad ir kokia tikra būtų pasaulio žmonių meilė, ji niekada negali būti dvasinė, nes pastaroji yra Viešpaties meilė, įgyjama tik tiesoje. Mes negalime turėti dvasinės meilės vos įtikėję Viešpatį ir priėmę tiesą. Mes ją įgyjame tik tada, kai mūsų širdys tampa panašios į Viešpaties.

Ar jūs turite šią dvasinę meilę? Galite patikrinti save dvasinės meilės apibrėžimu, kuris pateiktas Pirmame laiške korintiečiams 13, 4-7.

Meilė kantri, meilė maloninga, ji nepavydi; meilė nesididžiuoja ir neišpuiksta. Ji nesielgia netinkamai, neieško sau naudos, nepasiduoda piktumui, pamiršta, kas buvo bloga, nesidžiaugia neteisybe, su džiaugsmu pritaria tiesai. Ji visa pakelia, visa tiki, viskuo viliasi ir visa ištveria.

Pavyzdžiui, jei mes kantrūs, bet savanaudiški, arba nepasiduodame piktumui, bet elgiamės netinkamai, mes dar neturime dvasinės meilės, apie kurią rašo apaštalas Paulius; mums turi netrūkti nė vienos dvasinės meilės savybės.

Viena vertus, jei vis dar jaučiate vienatvę ar tuštumą manydami, kad turite dvasinę meilę, jūs nesąmoningai laukėte atlygio. Jūsų širdys dar ne visai pilnos dvasinės meilės tiesos.

Kita vertus, jeigu jūs pilni dvasinė meilės, niekada nesijausite vieniši ar tušti, bet visada būsite patenkinti, laimingi ir dėkingi. Dvasinė meilė džiaugiasi duodama: kuo daugiau atiduosite, tuo laimingesni ir džiaugsmingesni būsite.

Dvasinė meilė džiaugiasi atiduodama save

Laiškas romiečiams 5, 8 sako: *„O Dievas mums parodė savo meilę tuo, kad Kristus numirė už mus, kai tebebuvome nusidėjėliai."*

Dievas labai myli savo vienintelį Sūnų Jėzų, nes Jis yra tiesa ir labai panašus į savo Tėvą. Tačiau Jis atidavė savo vienintelį Sūnų kaip atpirkimo auką. Kokia didinga ir brangi Dievo meilė!

Dievas parodė savo meilę mums, paaukodamas savo vienintelį Sūnų. Jono pirmas laiškas 4, 16 sako: *„Mes esame pažinę ir*

Dangus II

įtikėję meilę, kuria Dievas mus myli. Dievas yra meilė, ir kas pasilieka meilėje, tas pasilieka Dieve, ir Dievas pasilieka jame."

Kad įeitume į Naująją Jeruzalę, turime turėti Dievo meilę, su kuria galime aukoti save ir atiduodami džiaugtis, kad liudijame savo gyvenimą Dieve.

Apaštalas Paulius aistringai mylėjo žmonių sielas

Viena ryškiausių Biblijoje aprašytų asmenybių, turėjusi sardžio širdį pasišventusią Dievo karalystei, yra apaštalas Paulius. Nuo susitikimo su Viešpačiu iki pat mirties jo meilės Viešpačiui darbai nesikeitė. Būdamas apaštalu pagonims jis išgelbėjo daug sielų ir įkūrė daug bažnyčių per tris misionieriškas keliones. Iki pat kankinio mirties Romoje jis nuolat liudijo Jėzų Kristų.

Pauliaus, apaštalo pagonims, kelias buvo labai sunkus ir pavojingas. Jo gyvybei daug kartų grėsė pavojus, jis buvo nuolat žydų persekiojamas. Jis buvo mušamas, įkalintas ir tris kartus pergyveno laivo sudužimą. Jis mažai miegojo, dažnai alko ir troško, kentė šaltį ir karštį. Misionieriškose kelionėse jis daug kartų buvo patekęs į nepakeliamą padėtį.

Tačiau Paulius niekada nesigailėjo savo pasirinkimo. Jis nė karto nepagalvojo: „Man sunku, noriu nors truputį pailsėti..." Jo širdis niekada nesvyravo, jis niekada nieko nebijojo. Nors jis patyrė daug vargų, jo svarbiausias rūpestis buvo bažnyčia ir tikintieji.

Antrame laiške korintiečiams 11, 28-29 jis sako: *„Be kita ko, kasdien vargstu, rūpindamasis visomis Bažnyčiomis. Jei kas silpsta, ar aš nesilpstu? Jei kas piktinasi, ar aš nedegu* *apmaudu?!"*

Iki pat savo mirties Paulius savo elgesiu rodė aistrą ir užsidegimą sielų išgelbėjimui. Jis rašo apie savo aistringą sielų išgelbėjimo troškimą Laiške romiečiams 9, 3: „*Man mieliau būtų pačiam būti prakeiktam ir atskirtam nuo Kristaus vietoj savo brolių, tautiečių pagal kūną.*"

Jis vadina broliais ne tik savo kraujo giminaičius, bet visus izraelitus, įskaitant jį persekiojusius žydus. Jis sutiko eiti į pragarą dėl jų išgelbėjimo. Jis turėjo didžiulę aistringą meilę sieloms ir karštai troško jų išgelbėjimo.

Raudona sardžio spalva simbolizuoja aistringą meilę Viešpačiui ir liepsnojantį sielų išgelbėjimo troškimą.

7. Chrizolitas: gailestingumas

Chrizolitas, septintas Naujosios Jeruzalės mūro pamatas, yra skaidrus arba pusiau skaidrus akmuo žėrintis geltona, žalia, mėlyna ir rausva spalvomis. Kartais jis atrodo visiškai skaidrus.

Ką dvasiškai simbolizuoja chrizolitas? Dvasinė gailestingumo reikšmė yra tiesoje suprasti žmogų, kurio visai neįmanoma suprasti, ir tiesoje atleisti tam, kam neįmanoma atleisti. Suprasti ir atleisti „tiesoje" reiškia suprasti ir atleisti su meile ir gerumu. Chrizolitas simbolizuoja gailestingumą, priimantį kitus su meile.

Turintieji šį gailestingumą neturi jokio išankstinio nusistatymo. Jie negalvoja: „Jis man nepatinka dėl to, ji man nepatinka dėl ano." Jie niekam nejaučia antipatijos ar neapykantos. Žinoma, jie neturi nė kruopelytės priešiškumo kitiems.

Jie stengiasi su gerumu žiūrėti į viską ir gražiai galvoti apie viską. Jie tiesiog priima visus. Net susidūrę su žmogumi, padariusiu baisią nuodėmę, jie rodo tik gailestingumą. Jie neapkenčia nuodėmės, bet ne nusidėjėlio. Jie supranta ir priima jį. Tai ir yra gailestingumas.

Jėzaus ir Stepono gailestingumas

Jėzus parodė savo gailestingumą Judui Iskarijotui, kuris Jį išdavė. Jėzus iš pat pradžių žinojo, kad Judas Iskarijotas Jį išduos, tačiau jo neatstūmė ir nesišalino. Jis nejautė jam antipatijos ar neapykantos savo širdyje. Jėzus mylėjo jį iki galo ir davė Judui galimybių pasikeisti. Jėzus turėjo gailestingą širdį.

Net prikaltas prie kryžiaus Jėzus nesiskundė ir niekam nejautė neapykantos. Jis meldėsi užtarimo malda už savo kankintojus, kaip parašyta Evangelijoje pagal Luką 23, 34: *„Tėve, atleisk jiems, nes jie nežino, ką darą."*

Steponas taip pat turėjo tokį gailestingumą. Nors Steponas nebuvo apaštalas, jis buvo pilnas malonės ir jėgos. Pikti žmonės pavydėjo jam ir galiausiai užmušė akmenimis, bet net žudomas Steponas meldėsi už savo žudikus. Tai parašyta Apaštalų darbuose 7, 60: *„Pagaliau suklupęs galingu balsu sušuko: „Viešpatie, neįskaityk jiems šios nuodėmės!" Ir, tai ištaręs, užmigo."*

Stepono malda už žudančius jį žmones rodo, kad jis atleido jiems. Jis neturėjo jiems jokios neapykantos. Tai rodo, kad jis turėjo tobulo gailestingumo vaisių ir užjautė tuos žmones.

Jeigu jūs jaučiate neapykantą ar antipatiją kam nors iš savo šeimos narių, tikėjimo brolių ar bendradarbių arba apie ką nors galvojate: "Jis man nepatinka, visada man prieštarauja" arba šalinatės žmogaus dėl kokių nors priežasčių, kaip toli nuo gailestingumo esate?

Mes turime nejausti neapykantos ir antipatijos jokiam žmogui. Turime visus suprasti, priimti ir visiems rodyti gerumą. Dievas Tėvas rodo mums gailestingumo grožį brangakmeniu chrizolitu.

Gailestinga, viską priimanti širdis

Kuo skiriasi meilė nuo gailestingumo?

Dvasinė meilė yra pasiaukojimas, nesiekiant savo naudos ir nenorint kokio atlyginimo, o gailestingumas yra atleidimas ir pakantumas. Kitaip tariant, gailestingumas yra širdis suprantanti tuos, kurių neįmanoma suprasti, ir nejaučianti neapykantos tiems, kurių neįmanoma mylėti. Gailestingumas nejaučia neapykantos kitiems ir neniekina, bet stiprina ir guodžia kitus. Turėdamas tokią šiltą širdį tu niekada nerodysi pirštu į kitų kaltes ir klaidas, bet priimsi juos, kad palaikytum su jais gerus santykius.

Kaip mums elgtis su piktais žmonėmis? Turime atsiminti, kad kažkada visi buvome pikti, bet atėjome pas Dievą, nes kas nors kitas meile ir atleidimu atvedė mus į tiesą.

Taip pat susidūrę su melagiais, kad ir mes anksčiau, prieš įtikėjimą Dievu melavome, siekdami savo naudos. Užuot vengę tokių žmonių, turime rodyti jiems gailestingumą, kad turėtų progą palikti savo piktus kelius. Tik kai juos suprasime ir vesime pakantumu ir meile, kol suvoks tiesą, jie galės pasikeisti ir ateiti į tiesą. Gailestingumas yra elgimasis su visais vienodai, be išankstinio nusistatymo, neįžeidžiant nė vieno ir stengimasis viską suprasti gerąją prasme, nepaisant patinka jums tai ar ne.

8. Berilis: kantrybė

Berilis, aštuntas Naujosios Jeruzalės mūro pamatas, yra mėlynos arba tamsiai žalios spalvos, primenantis mėlyną jūrą. Ką dvasiškai simbolizuoja berilis? Jis simbolizuoja kantrybę visose aplinkybėse, siekiant Dievo karalystės ir Jo teisumo. Berilis reiškia ištvermingą meilę net tiems, kas jus persekioja, keikia ir nekenčia jūsų, nejaučiant jiems neapykantos, neatsakant tuo pačiu ir nesiginčijant.

Jokūbo laiškas 5, 10 ragina mus: *„Imkite, broliai, vargų pakentimo ir kantrybės pavyzdžiu pranašus, kurie kalbėjo Viešpaties vardu.“* Mes galime pakeisti kitus savo kantrybe.

Kantrybė – Šventosios Dvasios ir dvasinės meilės vaisius

Kantrybė yra vienas iš devynių Šventosios Dvasios vaisių, išvardintų penktame „Laiško galatams" skyriuje, ir meilės vaisius tryliktame „Pirmo laiško korintiečiams" skyriuje. Ar Šventosios Dvasios kantrybės vaisius skiriasi nuo meilės kantrybės vaisiaus?

Meilės kantrybė reikalinga visose asmeninėse kovose, pavyzdžiui, kantriai pakelti įžeidinėjimus ir visus gyvenimo sunkumus. Šventosios Dvasios kantrybės vaisius reiškia kantrumą tiesoje ir prieš Dievą visame kame.

Todėl Šventosios Dvasios kantrybės vaisius turi platesnę prasmę ir apima kantrumą ne tik asmeniniuose reikaluose, bet ir susijusiuose su Dievo karalyste ir Jo teisybe.

Skirtingos kantrybės tiesoje sritys

Kantrybė, siekiant Dievo karalystės ir teisumo, apima tris sritis.

Pirmoji sritis – mūsų kantrumas Dievui. Turime būti kantrūs, kol išsipildys Dievo pažadas. Dievas Tėvas yra ištikimas, kai Jis ką nors pasako, visada tai padaro ir neatšaukia. Jei mes gauname Dievo pažadą, turime kantriai laukti jo išsipildymo.

Jeigu mes paprašome Dievo ko nors, turime kantriai laukti atsakymo. Kai kurie tikintieji sako: „Aš meldžiausi visą naktį ir net pasninkavau, bet vis tiek negavau atsakymo." Jie panašūs į ūkininką, kuris pasėja sėklą ir kitą dieną iškasa, nes vaisių iš karto neatsirado. Jeigu mes pasėjome gerą sėklą, turime kantriai laukti, kol augalas sudygs, užaugs, pražys ir pagaliau atneš vaisių.

Ūkininkas išravi piktžoles ir saugo augalus nuo kenkėjų. Jis išlieja daug prakaito, kad užaugintų gerų vaisių. Lygiai taip pat mes turime daug padaryti, kad sulauktume atsakymų į savo maldas. Mes turime pripildyti septynių dvasių saiką – tikėjimo, džiaugsmo, maldos, dėkojimo, ištikimo darbo, įsakymų vykdymo ir meilės.

Dievas atsako mums iš karto, kai pripildome savo tikėjimo saiką. Turime suprasti, kad kantrus Dievo atsakymo laukimas reikalingas tobulam atsakymui, kad mes labiau džiaugtumėmės ir būtume dėkingesni.

Antroji sritis – mūsų kantrumas žmonėms. Tai dvasinės meilės kantrybė. Mums reikia kantrybės, kad mylėtume bet kokį asmenį visuose žmonių santykiuose.

Mums reikia kantrybės tikėti bet kokiu žmogumi, ištverti su juo ir tikėtis jo sėkmės. Net jeigu jis pasielgia priešingai negu tikėjomės, turime būti kantrūs bet kokiose aplinkybėse. Turime suprasti, priimti, atleisti, nusileisti būti kantrūs.

Bandantieji evangelizuoti žmones tikriausiai bus keikiami ir persekiojami, bet jei širdys turi kantrybės, jie vėl eis pas žmones šypsodamiesi. Trokšdami meile išgelbėti jų sielas jie džiaugsis, dėkos ir niekada nepasiduos. Kai jie rodo kantrybę su gerumu ir meile evangelizuojamam žmogui, tamsa pasitraukia ir jis gali atverti širdį šviesai ir priimti išgelbėjimą.

Trečioji sritis – mūsų kantrybė širdies pasikeitime.

Pakeisti savo širdį reiškia išrauti melą bei pyktį iš savo širdies ir pasėti joje tiesą bei gerumą. Širdies pakeitimas panašus į lauko įdirbimą. Mes turime išrinkti akmenis, išrauti piktžoles ir suarti lauką, kad dirva būtų gera, ir pasėtos sėklos augtų bei atneštų vaisių.

Tas pats ir su žmonių širdimis. Suradę blogį savo širdyje ir išrovę jį, mes gerai paruošiame širdies dirvą. Paskui pasėtas Dievo Žodis išdygsta, gerai auga ir atneša vaisių. Kaip liejame prakaitą, sunkiai dirbdami, kad paruoštume dirvą, taip pat turime plušėti, kad pakeistume savo širdis. Turime uoliai maldoje šauktis Dievo visomis jėgomis ir visa širdimi, kad gautume Šventosios Dvasios jėgos ir suartume savo kūnišką širdį kaip plyną lauką.

Tai ne toks lengvas procesas, kaip kas nors gali pagalvoti. Kai kurie žmonės gali jaustis prislėgti, netekti drąsos ar įpulti į neviltį.

Todėl mums reikia kantrybės. Net jei atrodo, kad keičiamės labai lėtai, turime niekada nenusivilti ir nepasiduoti.

Prisiminę ant kryžiaus atidavusio už mus gyvybę Viešpaties meilę, pasisemkime naujų jėgų, ir tęskime savo širdies dirvos įdirbimą. Prašykime Dievo meilės ir palaimos geram savo širdies įdirbimui, ir plušėkime Jam dėkodami.

Jei neturėtume blogio savyje, žodis „kantrybė" būtų nereikalingas. Taip pat, jei turėtume tobulą meilę, atlaidumą ir kantrybę, kantrybei nebeliktų vietos. Dievas nori, kad mes turėtume tokią kantrybę, kuriai nebetinka žodis „kantrybė." Iš tiesų Dievas – absoliutus gerumas ir tobula meilė – neturi būti kantrus. Tačiau Jis sako esąs „kantrus" su mumis, kad padėtų mums suprasti „kantrybės" sąvoką. Turime suprasti, kad kuo daugiau kantrybės mums reikia tam tikrose aplinkybėse, tuo daugiau blogio mes turime Dievo akyse.

Mums nebereikia būti kantriems, išsiugdžius tobulos kantrybės vaisių, mes visada būsime laimingi, visur girdėsime tik geras žinias ir savo širdyse jausime tokį lengvumą, lyg vaikščiotume debesimis.

9. Topazas: dvasinis gerumas

Topazas, devintas Naujosios Jeruzalės mūro pamatas, yra skaidrus akmuo, pereinantis iš rausvo atspalvio į oranžinį. Topazas simbolizuoja dvasinį širdies gerumą. Gerumas yra malonus, paslaugus ir doras elgesys, bet dvasinis gerumas turi gilesnę prasmę.

Taip pat gerumas yra vienas iš devynių Šventosios Dvasios vaisių, kurį simbolizuoja topazas. Dvasiškai gerumas reiškia gerumo siekimą Šventojoje Dvasioje.

Kiekvienas žmogus turi standartą, pagal kurį sprendžia, kas yra teisinga ir kas neteisinga arba, kas yra gėris ir kas blogis. Tai sąžinė. Sąžinės sąvoka buvo nevienoda skirtingais laikais, ji skiriasi skirtingose šalyse ir tautose.

Dvasinio gerumo standartas yra tik vienas: Dievo Žodis, kuris yra tiesa. Todėl gerumo siekimas mūsų požiūriu nėra dvasinis gerumas. Gerumo siekimas Dievo akyse yra dvasinis gerumas.

Evangelija pagal Matą 12, 35 sako: *„Geras žmogus iš gero lobyno iškelia gera, o blogas iš blogo lobyno iškelia bloga."* Panašiai turintieji dvasinio gerumo jį parodo. Kur tik jie ir su kuo tik susitinka, geri žodžiai ir darbai liete liejasi iš jų.

Kaip pasikvėpinusieji kvepalais skleidžia malonų kvapą, tai gerumo aromatas sklinda ir turinčiųjų dvasinį gerumą. Jie skleidžia Kristaus gerumo kvapą. Todėl vien širdies gerumo siekimas nėra tikrasis gerumas. Jei siekiame tikro gerumo, mes natūraliai skleidžiame Kristaus kvapą gerais žodžiais ir darbais. Mes turime rodyti dorumą ir meilę mus supantiems žmonėms. Tai gerumas tikrąja, dvasine prasme.

Dvasinio gerumo standartas

Dievas yra geras, ir gerumas aprašytas visoje Biblijoje, Dievo Žodyje. Biblijoje yra eilučių, aprašančių topazo – dvasinio gerumo spalvas.

Jos aprašytos Laiške filipiečiams 2, 1-4: *"Taigi, jeigu esama Kristuje paskatinimo, meilės paguodos, jei esama bendrystės Dvasioje, nuoširdumo ir užuojautos, tai padarykite mano džiaugsmą tobulą, laikydamiesi vienos minties, turėdami vienokią meilę, santaiką ir sutarimą. Tegul nelieka vietos vaidams ar tuščiai puikybei, bet nuolankiai vienas kitą laikykite aukštesniu už save ir žiūrėkite kiekvienas ne savo naudos, bet kitų."*

Kai kas nors mums atrodo ne taip ir vyksta ne taip, kaip norėtume, jei siekiame gerumo Viešpatyje, sieksime ryšio su kitais ir pritarsime jų nuomonei. Mes dėl nieko nesivaidysime. Neturėsime jokio noro puikuotis ar būti kitų aukštinami. Nuolankiai visa savo širdimi laikysime kitus aukštesniais už save. Mes ištikimai ir labai atsakingai atliksime savo darbą ir net padėsime kitiems jų darbe.

Evangelija pagal Luką 10, 25-37 pasakoja apie geros širdies žmogų palyginime apie gailestingąjį samarietį:

Vienas žmogus leidosi žemyn iš Jeruzalės į Jerichą ir pakliuvo į plėšikų rankas. Tie išrengė jį, sumušė ir nuėjo sau, palikdami pusgyvį. Atsitiktinai tuo pačiu keliu ėjo vienas kunigas. Jis pamatė, bet praėjo kita puse kelio. Taip pat ir levitas, pro tą vietą eidamas, jį matė ir praėjo kita kelio puse. O vienas pakeleivis samarietis, užtikęs jį, pasigailėjo. Jis priėjo prie jo, užpylė ant žaizdų aliejaus ir vyno, aptvarstė jas; paskui, užkėlęs ant savo gyvulio, nugabeno į užeigą ir slaugė jį. Kitą dieną jis išsiėmė du denarus, padavė užeigos šeimininkui ir tarė: „Slaugyk jį, o jeigu išleisi ką viršaus, sugrįžęs aš tau atsilyginsiu." Kas iš šitų trijų tau atrodo buvęs artimas patekusiam į plėšikų rankas? (Evangelija pagal Luką 10, 30-36).

Kunigas, levitas, ar samarietis yra tikras artimas ir mylintis žmogus? Apiplėštajam žmogui tikrasis artimas buvo samarietis, nes jis turėjo gerą širdį ir priėmė teisingą sprendimą, nors buvo laikomas pagoniu.

Turbūt šis samarietis neturėjo Dievo Žodžio pažinimo, bet matome, kad jis turėjo gerumo kupiną širdį. Tai reiškia, kad jis turėjo dvasinį gerumą Dievo akyse. Nors tenka aukoti savo laiką ir pinigus, mes turime rinktis gerumą Dievo akyse. Tai dvasinis gerumas.

Jėzaus gerumas

Evangelija pagal Matą 12, 19-20 dar aiškiau nusako gerumą. Čia kalbama apie Jėzaus gerumą:

Jis nesiginčys, nešauks, ir negirdės niekas gatvėse jo balso. Jis nenulauš palūžusios nendrės ir neužgesins gruzdančio dagčio, kol nenuves į pergalę teisingumo.

Žodžiai „kol nenuves į pergalę teisingumo" pabrėžia, kad širdies gerumas įkvėpė Jėzų visame nukryžiavimo ir prisikėlimo procese, atnešusiame mums pergalę Jo suteikto išgelbėjimo malone.

Jėzus turėjo dvasinį gerumą, todėl niekada nieko neįžeidinėjo ir su niekuo nesiginčijo. Jis viską priėmė su dvasinio gerumo išmintimi ir tiesos žodžiais, net priešiškose ir iš pažiūros nepriimtinose aplinkybėse. Jėzus nesipriešino savo žudikams ir nebandė įrodyti savo nekaltumo. Jis viską paliko Dievui ir viską atliko su dieviška dvasinio gerumo išmintimi ir tiesa.

Dvasinis širdies gerumas neturi „nulaužti palūžusios nendrės ar užgesinti gruzdančio dagčio." Šie žodžiai tobulai nusako gerumą.

Turintieji gerumą nešūkaus ir su niekuo nesiginčys. Jie visur rodys savo gerumą. Kaip rašyta, „negirdės niekas gatvėse jo balso," turintieji gerumą rodys jį ir nuolankumą viešose vietose. Jėzaus eisena, gestai ir kalba buvo nepriekaištingi ir tobuli! Patarlių knyga 22, 11 sako: „*Kas myli tyrą širdimi ir maloniai kalba, tas bičiuliu turės karalių.*"

„Palūžusios nendrės" yra daug šiame pasaulyje iškentėję žmonės sužeistomis širdimis. Kai jie ieško Dievo tyra širdimi, Dievas jų neapleidžia, bet priima juos. Dievo ir Jėzaus širdis yra gerumo viršūnė.

Geraširdis neužgesins ir gruzdančio dagčio. Kai dagtis gruzda, ugnis gęsta, bet kibirkštėlė dar teberusena. Šia prasme „gruzdantis dagtis" yra žmogus taip susitepęs blogiu kad jo dvasios liepsna baigia užgesti. Jei net toks žmogus rodo nors menkiausią pastangą išsigelbėti, neturime nuo jo nusigręžti. Tai gerumas.

Mūsų viešpats nenusigręžė nuo žmonių, skendusių nuodėmėse ir kovojusių prieš Dievą. Jis vis tiek beldžia į jų širdžių duris, kad jie ateitų į išgelbėjimą. Mūsų Viešpats turi gerą širdį.

Kai kurie žmonės yra kaip palūžę nendrės ir gruzdantys dagtys tikėjime. Įpuolę į gundymą dėl silpno tikėjimo jie nebeturi jėgų ateiti į bažnyčią. Gal jie dėl kūniškų nuodėmių, kurių dar negali atsikratyti, pakenkė kitiems bažnyčios nariams. Jiems taip dėl to gėda, kad jie nebegali grįžti į bažnyčią.

Todėl mes turime nueiti pas juos. Turime paduoti jiems ranką. Tai gerumas. Taip pat yra žmonių, kurie buvo pirmieji savo tikėjimu, bet vėliau prigeso. Kai kurie jų tapo panašūs į gruzdančius dagtis.

Kai kurie iš jų nori būti mylimi ir pripažinti, bet to nesulaukia. Jie sielojasi, ir juose esantis blogis atsikleidžia. Gal jie pavydi lenkiantiems juos dvasiniame gyvenime ir net šmeižia juos. Jie panašūs į gruzdantį dagtį, skleidžiantį tik dūmus ir smalkes.

Jei turime tikrą gerumą, mes suprasime šiuos žmones ir priimsime juos. Jei bandysime aiškinti jiems, kas yra gerai, kas blogai ir versime juos paklusti, tai nebus gerumas. Turime elgtis gerai ir rodyti tikrą meilę net tiems, kurie daro bloga. Turime suminkštinti ir sujaudinti jų širdis. Tai gerumo įkvėptas elgesys.

10. Chrizoprazas: susivaldymas

Chrizoprazas, dešimtas Naujosios Jeruzalės mūro pamatas, yra pats brangiausias iš chalcedonų. Jis pusiau skaidrus, tamsiai žalios spalvos, ir senovėje Korėjos moterys labai vertino šį brangakmenį, simbolizuojantį joms moters skaistumą ir tyrumą.

Ką dvasiškai simbolizuoja chrizoprazas? Jis reiškia susilaikymą. Gerai visko turėti su pertekliumi Dieve, bet susivaldymas viskam suteikia grožį. Susivaldymas yra ir vienas iš devynių Šventosios Dvasios vaisių.

Susivaldymas, siekiant tobulumo

Laiškas Titui 1, 7-9 išvardina bažnyčios vyskupui būtinas savybes, ir vieną iš jų yra santūrumas. Jei nesusivaldantis žmogus taps vyskupu, ko jis pasieks savo nevaldomu gyvenimu? Visame, ką mes darome gyvendami Viešpatyje, turime atskirti tiesą nuo netiesos ir susivaldymu paklusti Šventajai Dvasiai. Jei mes girdime Šventosios Dvasios balsą, mums seksis visuose reikaluose, kai būsime susivaldantys. Jeigu mes neturime susivaldymo, reikalai pakryps bloga linkme, mus gali ištikti avarijos, gamtos ir žmonių sukeltos nelaimės, ligos ir taip toliau.

Taip pat susivaldymo vaisius yra labai svarbus ir privalomas, siekiant tobulumo. Augindami savyje meilės vaisių, auginame džiaugsmo, ramybės, kantrybės, malonumo, gerumo, romumo vaisius, ir visus juos vainikuoja susivaldymas.

Susivaldymą galima palyginti su mūsų kūno išeinamąja anga. Nors ji maža, jos vaidmuo kūne labai svarbus. Kas būtų, jei ji negalėtų susitraukti? Ekskrementai būtų nevaldomi, ir mes skęstume nešvarumuose.

Panašiai, jei prarandame susivaldymą, viskas pavirsta betvarke. Žmonės gyvena netiesoje, nes negali dvasiškai suvaldyti savęs. Todėl jie susiduria su išbandymais ir negali būti Dievo mylimi. Jei nevaldysime savęs fiziškai, mes elgsimės neteisingai ir neteisėtai, valgysime ir gersime kiek norime, netvarkingai gyvensime.

Jonas Krikštytojas

Geras susivaldymo pavyzdys Biblijoje yra Jonas Krikštytojas. Jonas Krikštytojas aiškiai žinojo, ko jis atėjo į šią žemę. Jis žinojo, kad turi paruošti kelią Jėzui, tikrajai Šviesai. Kad įvykdytų savo pareigą, jis gyveno visiškai atsiskyręs nuo šio pasaulio. Jis apsiginklavo malda ir Dievo Žodžiu, gyvendamas dykumoje. Jis valgė tik skėrius ir laukinių bičių medų. Jis gyveno atsiskyrėliškai ir griežtai kontroliavo savo gyvenimą, per kurį pasirengė paruošti Viešpačiui kelią, ir atliko savo užduotį iki galo.

Evangelijoje pagal Matą 11, 11 Jėzus apie jį sako: „*Iš tiesų sakau jums: tarp gimusių iš moterų nėra buvę didesnio už Joną Krikštytoją, bet ir mažiausias dangaus karalystėje didesnis už jį.*"

Jei kas nors galvoja: „Dabar kopsiu į kalnus ar eisiu į kokią nors nuošalią vietą ir gyvensiu susivaldydamas", tai rodo, kad jis neturi susivaldymo, savaip aiškina Dievo Žodį ir per daug galvoja.

Svarbu valdyti savo širdį Šventojoje Dvasioje. Jeigu jūs dar nepasiekėte dvasingo gyvenimo, turite kontroliuoti savo kūno troškimus ir paklusti Šventosios Dvasios vedimui. Net gyvendami dvasingai turite valdyti dvasios vaisius, kad pasiektumėte tobulą harmoniją. Susivaldymas žėri kaip chrizoprazas.

11. Hiacintas: tyrumas ir šventumas

Hiacintas, vienuoliktas Naujosios Jeruzalės mūro pamatas, yra vaiskus, melsvas brangakmenis, dvasiškai simbolizuojantis tyrumą ir šventumą.

Tyrumas čia reiškia buvimą be nuodėmės, be jokios dėmės ar ydos. Jei žmogus du kartus per dieną prausis duše ar vonioje, susišukuos plaukus ir tvarkingai rengsis, žmonės sakys, kad jis švarus ir tvarkingas. Ar ir Dievas sakys, kad jis švarus? Kas yra tyros širdies žmogus, ir kaip mums įgyti tyrą širdį?

Tyra širdis Dievo akyse

Fariziejai ir Rašto aiškintojai plovė rankas prieš valgį, laikydamiesi protėvių tradicijų. kai Jėzaus mokiniai to nedarė, jie uždavė Jėzui klausimą, norėdami Jį apkaltinti. Evangelija pagal Matą 15, 2 sako: *„Kodėl tavo mokiniai laužo prosenių paprotį? Jie prieš valgį nesimazgoja rankų."*

Jėzus paaiškino jiems, kas yra tikras tyrumas. Evangelijoje pagal Matą 15, 19-20 Jis sako: *„Iš širdies išeina pikti sumanymai, žmogžudystės, svetimavimai, ištvirkavimai, vagystės, melagingi liudijimai, šmeižtai. Šie dalykai suteršia žmogų, o valgymas nemazgotomis rankomis žmogaus nesuteršia."*

Tyrumas Dievo akyse yra širdis, neturinti nuodėmės. Esame tyri, kai mūsų širdyje nėra kaltės, dėmės ar ydos. Galime vandeniu nusiplauti rankas ir kūną, bet kaip apvalyti savo širdį?

Taip pat vandeniu. Mes galime apvalyti savo širdis plaudami jas dvasiniu vandeniu – Dievo Žodžiu. Laiškas hebrajams 10, 22 sako: *„ateikime su tyra širdimi ir giliu tikėjimu, apvalę širdis nuo nešvarios sąžinės ir nuplovę kūną švariu vandeniu!"* Mes galime įgyti švarias ir tyras širdis, elgdamiesi pagal Dievo Žodį.

Kai paklūstame viskam, ką Biblija sako mums palikti ir ko nedaryti, netiesa ir blogis pašalinami iš mūsų širdžių. Kai mes paklūstame viskam, ką Biblija liepia mums daryti ir ko laikytis, mes išvengiame susitepimo nuodėmėmis ir šio pasaulio blogiu, būdami nuolat aprūpinami švariu vandeniu. Taip mes išlaikome švarias širdis.

Evangelija pagal Matą 5, 8 sako: *"Palaiminti tyraširdžiai; jie regės Dievą."* Dievas pasakė mums, kokį palaiminimą gaus tyraširdžiai. Jie regės Dievą. Tyraširdžiai matys Dievo veidą dangaus karalystėje. Jie įeis mažiausiai į Trečiąją dangaus karalystę ar net Naująją Jeruzalę.

Tačiau tikroji žodžių „regės Dievą" reikšmė yra ne tik Dievo matymas. Jie reiškia, kad mes visada susitiksime su Dievu ir gausime Jo pagalbą. Tai reiškia gyvenimą, kuriame mes einame su Dievu net šioje žemėje.

Tyra Henocho širdis

Penktasis Pradžios knygos skyrius rašo apie Henochą, įgijusį tyrą širdį ir ėjusį su Dievu šioje žemėje. Pradžios knyga 5, 21-24 sako, kad Henochas ėjo su Dievu tris šimtus metų po to, kai tapo Metušelacho tėvu, būdamas 65 metų amžiaus. Dvidešimt ketvirta eilutė sako: *„Henochas ėjo su Dievu. Paskui jo nebebuvo, nes Dievas jį pasiėmė,"* jis buvo gyvas paimtas į dangų.

Laiškas hebrajams 11, 5 paaiškina, kodėl jis buvo paimtas į dangų, nesukęs mirties: *„Tikėdamas Henochas buvo perkeltas, kad neregėtų mirties, ir žmonės jo neberado, nes Dievas jį perkėlė. Mat prieš perkeliamas gavo liudijimą, jog patikęs Dievui."*

Henochas patiko Dievui, išsiugdydamas tokią tyrą ir be jokios nuodėmės širdį, kad jam nebereikėjo sulaukti mirties. Jis buvo gyvas paimtas į dangų. Tuo metu jis 365 metų amžiaus, bet tais laikais žmonės gyvendavo ilgiau nei 900 metų. Mūsų laikų prasme Dievas pasiėmė Henochą pačioje jaunystėje. Tai įvyko todėl, kad Henochas buvo labai mielas Dievo akims. Užuot laikęs jį žemėje, Dievas panoro įkurdinti Henochą šalia savęs dangaus karalystėje. Mes matome, kaip Dievas myli tyraširdžius ir džiaugiasi jais.

Tačiau net Henochas netapo šventas per naktį. Jis taip pat patyrė įvairių išbandymų, kol sulaukė 65 metų amžiaus. Pradžios knygoje 5, 19 skaitome, kad Jeredas, Henocho tėvas, susilaukė vaikų per 800 metų po Henocho gimimo, todėl žinome, kad Henochas turėjo daug brolių ir seserų.

Giliose maldose Dievas leido man sužinoti, kad Henochas neturėjo jokių nesutarimų su savo broliais ir seserimis. Jis niekada nenorėjo turėti daugiau negu jo broliai ir visada su jais sutardavo. Jie niekada nenorėjo būti labiau pripažintas už savo brolius ir seseris, visada stengėsi būti geras. Net kai jo broliai ir seserys buvo mylimi labiau už jį, jis visai neliūdėjo, nes nejautė jokio pavydo.

Henochas visada buvo paklusnus. Jis klausė ne tik Dievo, bet ir savo tėvų žodžio, niekada nereikalavo pripažinti jo nuomonės, neturėjo jokių savanaudiškų troškimų ir dėl nieko neįsižeisdavo. Jis gyveno taikoje su visais.

Henochas išsiugdė tyrą širdį, ir ja regėjo Dievą. Kai Henochui sukako 65, jis taip patiko Dievui, kad galėjo vaikščioti su Juo.

Tačiau yra dar svarbesnė priežastis, kodėl jis galėjo eiti su Dievu: jis labai mylėjo Dievą ir jam labai patiko bendrauti su

Dievu. Žinoma, jam nerūpėjo šio pasaulio dalykai, jis labiau už viską pasaulyje mylėjo Dievą.

Henochas mylėjo savo tėvus ir klausė jų, taika ir meilė vyravo jo santykiuose su visais giminaičiais, bet labiausiai jis mylėjo Dievą. Jam labiau patiko vienam šlovinti Dievą, negu leisti laiką su šeimos nariais. Jis ilgėjosi Dievo, žiūrėdamas į dangų ir gamtą, ir labai džiaugėsi bendravimu su Dievu.

Taip buvo dar prieš Dievui pradedant vaikščioti su juo, o pradėjęs vaikščioti su Dievu Henochas dar labiau džiaugėsi. Patarlių knygoje 8, 17 parašyta: *„Aš myliu mane mylinčius, o manęs stropiai ieškantys mane suranda,"* Henochas taip mylėjo Dievą ir ilgėjosi Jo, kad Dievas ėmė vaikščioti su juo.

Kuo labiau mylėsime Dievą, tuo tyresnės bus mūsų širdys; ir kuo tyresnes širdis turėsime, tuo labiau mylėsime Dievą ir ieškosime Jo. Malonu kalbėti ir bendrauti su tyraširdžiais. Jie nuoširdžiai viską priima ir tiki žmonėmis.

Kas blogai jaučiasi ir susiraukia, pamatęs linksmą kūdikio šypseną? Dauguma žmonių džiaugiasi ir šypsosi, nes kūdikių tyrumas persiduoda žmonėms ir atgaivina jų širdis.

Dievas Tėvas jaučiasi taip pat, matydamas žmogų tyra širdimi. Jis nori nuolat matyti tokį žmogų ir pasilikti su juo.

12. Ametistas: grožis ir romumas

Dvyliktas ir paskutinis Naujosios Jeruzalės mūro pamatas yra ametistas. Ametistas yra permatomas, šviesiai violetinės spalvos. Ametisto spalva tokia elegantiška ir graži, kad jis buvo geidžiamas didikų nuo neatmenamų laikų.

Dievo sumanymu ametistas simbolizuoja dvasinį širdies grožį ir romumą. Romumas minimas Pauliaus „meilės himne", Kalno pamokslo palaiminimuose ir yra vienas iš devynių Šventosios Dvasios vaisių. Šis vaisius bręsta žmoguje, atgimusiame iš Šventosios Dvasios ir gyvenančiame pagal Dievo Žodį.

Romi širdis graži Dievui

Žodynas apibrėžia romumą kaip būdo gerumą, švelnumą, nuolankumą ir gebėjimą suteikti ramumą, bet Dievui gražūs ne tik šie būdo bruožai.

Turintieji kūnišką romų charakterį jaučiasi nesmagiai su neromiais žmonėmis. Sutikę labai mėgstantį bendrauti ar tvirto charakterio žmogų jie tampa atsargūs, jiems sunku bendrauti su tokiu žmogumi. Tačiau dvasiškai romus žmogus priima bet kokio charakterio žmogų. Tai vienas iš skirtumų tarp kūniško ir dvasiško romumo.

Kas yra dvasinis romumas, ir kodėl jis Dievui gražus?

Dvasiškai romus žmogus yra švelnaus, šilto būdo ir turi plačią, visus priimančią širdį, švelnią ir malonią kaip vata, todėl žmonės pailsi jo draugijoje. Taip pat jis viską supranta su gerumu ir viską priima su meile.

Dar vienas bruožas visada lydi dvasinį romumą. Tai dorybingas būdas, neatsiejamas nuo plačios širdies. Jeigu turime labai šiltą ir minkštą širdį, bet slepiame ją, tai nieko nereiškia. Retkarčiais, kai reikia, mes turime padrąsinti kitus ir patarti jiems, rodydami gerumo ir meilės darbus. Dorybingo būdo parodymas sustiprina kitus, leidžia jiems pajusti šilumą ir rasti atgaivą mūsų širdyse.

Dvasiškai romus žmogus

Turintieji tikrą dvasinį romumą niekada neturi išankstinio nusistatymo jokio žmogaus atžvilgiu. Jie su visais gerai sutaria. Kitas žmogus jaučia šią širdies šilumą, todėl gali atsipalaiduoti ir nusiraminti, nes jis labai šiltai priimamas. Dvasinis romumas yra kaip didelis medis, metantis vėsų šešėlį karštą vasaros dieną.

Jei vyras priima ir apkabina visus savo šeimos narius savo plačia širdimi, žmona jį gerbs ir mylės. Jeigu žmona taip pat turi minkštą kaip vata širdį, ji atneša paguodą ir ramybę savo vyrui, ir jie būna labai laiminga pora. Taip pat ir vaikai, užauginti tokioje šeimoje, nepasuks klaidingu keliu, susidūrę su sunkumais. Juos stiprina ramybė šeimoje, jie įveikia sunkumus ir užauga dori ir sveiki.

Taip pat ir išsiugdžiusieji dvasinį romumą traukia aplinkinius, su jais žmonės randa atgaivą ir jaučiasi laimingi, o Dievas Tėvas sako, kad dvasiškai romūs žmonės yra tikrai gražūs.

Šiame pasaulyje žmonės įvairiais keliais bando užkariauti kitų širdis: aprūpina juos materialiais daiktais arba panaudoja savo socialinę padėtį ar autoritetą. Tačiau šiais kūniškais būdais neįmanoma iš tiesų užkariauti žmonių širdžių. Jie gali trumpam patenkinti žmonių reikmes, bet ne užvaldyti širdis, ir žmonės greitai pakeis savo nuomonę, padėčiai pasikeitus.

Tačiau jie bursis aplink žmogų turintį dvasinį romumą. Jie atvers jam savo širdis ir norės pasilikti su juo, nes per dvasiškai romų žmogų jie sustiprėja ir pajunta tokią paguodą, kokios neranda pasaulyje. Todėl daug žmonių pasiliks su dvasiškai romiu žmogumi, ir jis taps jų dvasiniu autoritetu.

Evangelija pagal Matą 5, 5 kalba apie šį palaiminimą, laimintį daug sielų, sakydama, kad romieji paveldės žemę. Tai reiškia, kad jie užkariaus iš žemės sukurtų žmonių širdis. Jie taip pat gaus daug žemės amžinojoje dangaus karalystėje. Jie gaus didelį atlyginimą už tai, kad priėmė ir atvedė į tiesą daug sielų.

Todėl Skaičių knygoje 12, 3 Dievas sako apie Mozę: *„O Mozė buvo labai kuklus žmogus, kuklesnis už bet ką kitą visoje žemėje."* Mozė išvedė Dievo tautą iš Egipto. Jis išvedė daugiau nei 2 milijonus žmonių ir 40 metų vadovavo jiems dykumoje. Kaip tėvas auginantis savo vaikus jis priėmė juos į širdį ir vadovavo jiems pagal Dievo valią.

Net kai vaikai padaro sunkias nuodėmes, tėvai jų neapleidžia. Taip pat ir Mozė priėmė net tuos žmones, kurie pagal Įstatymą turėjo būti atstumti, ir vedė juos iki galo, prašydamas Dievo atleisti jiems.

Kai atlieki nors nedidelę pareigą bažnyčioje, suprasti, koks vertingas yra romumas. Ne tik rūpindamasis sielomis, bet ir atlikdamas bet kokią pareigą su romumu, neturėsi jokių bėdų. Nėra net dviejų žmonių, kurie turėtų vienodas širdis ir mintis. Visi buvo užauginti skirtingose aplinkybėse ir turi skirtingus charakterius. Jų mintys ir nuomonės gali nesutapti.

Tačiau romus žmogus priima kitus savo plačia širdimi. Romumas, ištuštinat save ir priimant kitus, kai kiekvienas tvirtina esąs teisus, išsiskiria savo grožiu.

Mes sužinojome apie dvasines širdies savybes, kurias

simbolizuoja dvylika Naujosios Jeruzalės mūro pamatų brangakmenių. Tai tikėjimas, dorumas, pasiaukojimas, teisumas, ištikimybė, aistringumas, gailestingumas, kantrybė, gerumas, susivaldymas, tyrumas ir romumas. Tai Jėzaus Kristaus ir Dievo Tėvo širdies savybės. Kitaip sakant, „tobuloji meilė."

Išsiugdžiusieji šią tobuląją meilę, turintieji gerą visų dvylikos brangakmenių dvasinių širdies savybių derinį, gali drąsiai įžengti į Naujosios Jeruzalės miestą. Jų namus Naujojoje Jeruzalėje puoš dvylika skirtingų brangakmenių.

Naujosios Jeruzalės mieste neapsakomai gražu ir nuostabu. Namai, pastatai ir parkai yra be galo puošnūs.

Bet Dievui gražiausi žmonės, ateinantys į Jo miestą. Jie žėrės skaisčiau negu dvylika brangakmenių. Iš jų širdžių gelmių sklis puikus meilės Tėvui kvapas. Dievas Tėvas per juos bus pagerbtas už visus darbus, kuriuos Jis padarė.

6 skyrius

Dvylika perlų vartų ir aukso gatvės

1. Dvylika perlų vartų
2. Gatvės iš gryno aukso

„Dvylika vartų dvylika perlų, kiekvieni vartai iš vieno perlo. Ir miesto gatvės grynas auksas, tarsi vaiskus stiklas."
- Apreiškimas Jonui 21, 21 -

Naujosios Jeruzalės miestas turi dvylika vartų, po tris šiaurės, pietų, rytų ir vakarų mūro sienų pusėse. Milžiniški angelai saugo kiekvienus vartus, jų išvaizda rodo Naujosios Jeruzalės miesto didybę ir valdžią. Visi vartai yra arkos pavidalo ir tokie didžiuliai, kad turėsime žiūrėti į juos aukštyn užvertę galvas. Kiekvieni vartai padaryti iš vieno gigantiško perlo. Jie atsidaro į abi puses ir turi rankenas, padarytas iš aukso ir brangakmenių. Vartai atsidaro automatiškai, jų nereikia darinėti rankomis.

Dievas padarė dvylika vartų iš nuostabių perlų ir gatves iš gryno aukso savo mylimiems vaikams. Kokio grožio ir žavesio pastatai turi būti miesto viduje?

Prieš apžiūrėdami nuostabius Naujosios Jeruzalės miesto pastatus ir vietas pasvarstykime, kodėl Dievas padarė Naujosios Jeruzalės vartus iš perlų, ir kokių dar kelių yra joje be aukso gatvių.

1. Dvylika perlų vartų

Apreiškimas Jonui 21, 21 sako: *"Dvylika vartų – dvylika perlų, kiekvieni vartai iš vieno perlo. Ir miesto gatvės – grynas auksas, tarsi vaiskus stiklas."* Kodėl dvylika vartų padaryti iš perlų, nors Naujojoje Jeruzalėje yra daug kitų brangakmenių? Kas nors gali pasakyti, kad geriau papuošti kiekvienus vartus skirtingais brangakmeniais, bet Dievas visiems dvylikai vartų panaudojo perlus.

Tai lėmė Dievo apvaizda, ir šie vartai turi dvasinę prasmę.

Skirtingai nuo kitų brangakmenių, perlai turi kitą vertę ir laikomi brangesniais, nes susiformuoja skausmingo proceso metu.

Kodėl dvylika vartų padaryti iš perlų?

Kaip atsiranda perlai? Perlas yra vienas iš dviejų organiškų jūros brangakmenių, kitas yra koralas. Daugybė žmonių žavisi perlais, nes jie nuostabiai spindi ir jų nereikia šlifuoti.

Perlas formuojasi vidinėje perluotės kiauto pusėje. Tai gabalėlis labai blizgančių išskyrų, susidedančių beveik vien iš kalcio karbonato, apvalios arba ovalo formos. Kai svetimkūnis patenka į minkštą moliusko kūną, jis kenčia didžiulį skausmą, kaip badomas adatomis. Moliuskas kovoja su svetimkūniu, kąsdamas baisų skausmą. perlas susiformuoja, kai moliusko išskirtas perlamutras daugybe sluoksnių padengia svetimkūnį.

Perlai būna dviejų rūšių: natūralūs ir kultivuoti. Žmonės išsiaiškino perlų formavimosi principą. Jie augina daug perluočių ir įdeda į jas svetimkūnius, kad moliuskai suformuotų perlus. Šie perlai atrodo kaip natūralūs, bet yra pigesni, nes jų perlamutro sluoksniai plonesni.

Jėzus sukūrė nuostabų perlą, iškentęs didžiulį skausmą. Ištvermės ugdymo procesas yra skirtas Dievo vaikams, kad jie atgautų prarastą panašumą į Dievą. Jie įžengs į Naująją Jeruzalę, turėdami tikėjimą panašų į gryną auksą, tik tada, kai ištvers sunkumus ir skausmus šioje žemėje.

Jei norime laimėti tikėjimo kovą ir įeiti pro Naujosios Jeruzalės vartus, mes turime suformuoti perlą savo širdyje. Kaip perluotė ištveria skausmą ir išskiria perlamutrą, paverčiantį perlu smiltelę, taip ir Dievo vaikai turi kęsti skausmą, kol tampa panašūs į Dievą.

Kai nuodėmė atėjo į pasaulį, žmonės susitepė ir prarado savo panašumą į Dievą. Žmonių širdyse buvo pasodintas pyktis ir melas, jos tapo nešvarios ir skleidžia smarvę. Dievas Tėvas parodė didžią meilę net nuodėmingų širdžių žmonėms, gyvenantiems nuodėmingame pasaulyje.

Visi tikintieji į Jėzų Kristų bus apvalyti nuo nuodėmių Jo krauju, bet Dievui Tėvui reikia ištikimų vaikų, suaugusių ir subrendusių. Jis nori, kad apvalyti jie vėl nesusiteptų. Dvasiškai tai reiškia, kad jie nebedaro nuodėmių ir patinka Tėvui Dievui savo tobulu tikėjimu.

Mes turime turėti teisias širdis, kad turėtume tokį tobulą tikėjimą. Mūsų širdys tampa teisios, kai mes pašaliname iš jų visas nuodėmes bei pyktį ir pripildome jas gerumu ir meile. Kuo daugiau turime gerumo ir meilės, tuo panašesni į Dievą tampame.

Dievas Tėvas leidžia savo vaikams pereiti skaistinančius išbandymus, kad jie išsiugdytų gerumą ir meilę. Jis leidžia jiems įvairiose situacijose atrasti nuodėmes ir pyktį savo širdyse. Kai mes atrandame nuodėmes ir pyktį savo širdyse, jaučiame skausmą, lyg aštrus svetimkūnis būtų įsmigęs į minkštą perluotės moliusko kūną. tačiau mes turime pripažinti faktą, kad išbandymuose jaučiame skausmą dėl nuodėmių ir pykčio, slypinčių mūsų širdyse.

Jei mes tikrai tai pripažįstame, galime sukurti dvasinį perlą savo širdyje. Mes karštai melsimės, kad atsikratytume aptiktų nuodėmių ir pykčio. Tada Dievo malonė ir jėga nužengs ant mūsų. Tai pat ir Šventoji Dvasia mums padės. Nuodėmės ir pyktis bus pašalinti, mes turėsime dvasinę širdį.

Perlai labai brangūs dėl jų formavimosi proceso. Kaip perluotės turi ilgai kęsti skausmą, kad suformuotų perlus, taip ir mes turime iškentėti ir įveikti daugybę skausmų, kad įeitume į Naująją Jeruzalę. Mes galėsime įeiti pro šiuos vartus tik laimėję tikėjimo kovą. Šie vartai simbolizuoja šį faktą.

Laiškas hebrajams 12, 4 sako: „*O jums dar ir neteko priešintis iki kraujo, grumiantis su nuodėme.*" Apreiškimo Jonui 2, 10 antroji pusė ragina: „*Būk ištikimas iki mirties, ir aš tau duosiu gyvenimo vainiką!*"

Biblija sako mums, kad galėsime įeiti į Naująją Jeruzalę, pačią gražiausią vietą danguje, jei priešinsimės nuodėmei, atsikratysime bet kokio blogio, būsime ištikimi iki mirties ir vykdysime savo pareigas.

Tikėjimo išbandymų įveikimas

Mūsų tikėjimas turi būti kaip grynas auksas, kad pro dvylika vartų įeitume į Naująją Jeruzalę. Toks tikėjimas yra ne tik dovana; mes juo apdovanojami tik ištvėrę ir įveikę tikėjimo išbandymus, kaip perluotė ištveria didžiulį skausmą, kol suformuoja perlą. Tikėjimo pergalė nėra lengva, nes mūsų priešas šėtonas bet kokia kaina stengiasi sugriauti mūsų tikėjimą. Be to, kol stovime ant tikėjimo uolos, mums atrodo, kad mūsų kelias į dangų yra sunkus ir skausmingas, nes turime atkakliai kovoti su mūsų priešu velniu, kol turime netiesos savo širdyse.

Tačiau mes galime laimėti, nes Dievas duoda mums savo malonę ir stiprybę, o Šventoji Dvasia mums padeda ir veda mus. Jeigu stovėsime ant tikėjimo uolos ir nugalėsime šioje kovoje, užuot kentėję, mes pakelsime visus sunkumus su džiaugsmu.

Budistų vienuoliai plaka savo kūną, kad „pavergtų" jį per meditacijas ir atitrūktų nuo pasaulio reikalų. Kai kurie jų praktikuoja asketizmą dešimtmečiais, ir kai jie miršta, jų palaikuose randamas į perlą panašus akmuo. Jis susiformuoja per ilgus ištvermės ir susivaldymo metus, kaip ir perlas moliusko kiaute.

Kiek skausmo turėtume iškęsti, jei stengtumėmės susilaikyti nuo pasaulio malonumų ir suvaldyti kūno geismus vien savo jėgomis? Tačiau Dievo vaikai gali greitai atsisakyti pasaulio malonumų per Dievo malonę ir stiprybę, veikiant Šventajai Dvasiai. Taip pat su Dievo pagalba galime įveikti bet kokius sunkumus ir bėgti dvasinėse lenktynėse į mums paruoštą dangų.

Turintys tikėjimą Dievo vaikai turi ne kankintis savo išbandymuose, bet įveikti juos su džiaugsmu ir dėkingumu, laukdami netrukus ateisiančių palaiminimų.

Dvylika perlų vartų tikėjimo kovos nugalėtojams

Dvylika perlų vartų tikėjimo kovos nugalėtojams yra triumfo arkos, pro kurias jie įžengs, kaip mūšį laimėję karo vadai, kurie būdavo taip pagerbiami už žygdarbius, grįžę namo.

Senovėje, pagerbdami su pergale grįžtančius karius ir karvedžius žmonės pastatydavo jiems paminklus ir užrašydavo ant jų didvyrių vardus. Triumfuojantis karvedys, sveikinamas didžiulės minios žmonių, būdavo vežamas pro triumfo arką karaliaus atsiųstu karo vežimu.

Kai jie pasiekdavo pokylių salę, skambant triumfo himnams, ministrai, sėdintys su karaliumi ir karaliene, sveikindavo juos. Karvedys išlipdavo iš vežimo ir nusilenkdavo savo karaliui, o pastarasis jį pakeldavo ir pagirdavo už išskirtinę tarnybą. Paskui jie valgydavo, gerdavo ir dalindavosi pergalės džiaugsmu. Karvedys būdavo apdovanojamas karališka valdžia, turtais ir garbe.

Jei kariuomenės vado autoritetas toks didžiulis, kiek kartų didesnį autoritetą turės įeinantieji į Naująją Jeruzalę pro dvylika vartų? Tėvas Dievas juos mylės ir globos, ir jie amžinai gyvens šlovėje, nepalyginamai didesnėje už karvedžio ir karių, žygiuojančių pro triumfo arką. Kai įeis pro dvylika vartų, kurie kiekvieni yra padaryti iš vieno perlo, jie prisimins savo tikėjimo kelionę, kurios metu jie kovojo ir dėjo pastangas, jie verks iš dėkingumo, kylančio iš jų širdžių gelmių.

Dvylikos perlų vartų didingumas

Danguje žmonės niekada nieko nepamirš ne po ilgo laiko, nes dangus yra dvasinio pasaulio dalis. Kartais jie skirs laiko brangiems prisiminimams.

Įeinantiems į Naująją Jeruzalę užgniauš kvapą dvylikos perlų vartų reginys, ir jie galvos: „Aš įveikiau daug išbandymų ir pagaliau atvykau į Naująją Jeruzalę!" Jie džiaugsis, prisimindami savo ir pergalę prieš velnią ir pasaulį, atsikratę bet kokio melo savyje. Jie dėkos Dievui Tėvui, prisimindami Jo meilę, vedusią į pergalę prieš pasaulį, ir dėkos padėjusiems pasiekti dangaus miestą.

Šiame pasaulyje kartais dėkingumas, laikui bėgant, sumažėja arba visai išnyksta, bet danguje nėra nenuoširdumo, ir žmonių dėkingumas, džiaugsmas ir meilė tik auga, laikui bėgant. Naujosios Jeruzalės gyventojai, žiūrėdami į perlų vartus, jaučia dėkingumą Dievo meilei ir tiems žmonėms, kurie padėjo pasiekti dangiškąjį miestą.

2. Gatvės iš gryno aukso

Prisimindami savo gyvenimą žemėje žmonės pro didingus perlų vartus pagaliau įeina į Naująją Jeruzalę. Miestas pilnas Dievo garbės šviesos, tolumoje skamba angelų giesmės, sklinda švelnūs gėlių kvapai. Kiekvienas žingsnis gilyn į Miestą atneša neapsakomą laimę ir džiaugsmą.

Jau kalbėjome apie dvylika mūro sienos brangakmenių ir nuostabius perlų vartus. Kuo grįstos Naujosios Jeruzalės gatvės? Apreiškimas Jonui 21, 21 sako: *„Ir miesto gatvės – grynas auksas, tarsi vaiskus stiklas,"* Dienas nutiesė Naujojoje Jeruzalėje gryno aukso gatves savo vaikams, kurie įeina į dangiškąjį miestą.

Jėzus Kristus: Kelias

Šiame pasaulyje yra daug įvairiausių kelių: nuo nuošalių takų iki geležinkelių ir nuo siaurų gatvių iki automagistralių. Žmonės pasirenka skirtingus kelius priklausomai nuo kelionės tikslo ir poreikių, tačiau dangun veda tik vienas kelias: Jėzus Kristus.

Aš esu kelias, tiesa ir gyvenimas. Niekas nenueina pas Tėvą kitaip, kaip tik per mane (Evangelija pagal Joną 14, 6).

Jėzus, vienatinis Dievo Sūnus, atvėrė išganymo kelią, mirdamas ant kryžiaus už visus žmones, pasmerktus amžinajai mirčiai už nuodėmes, ir trečią dieną prisikeldamas. Kai mes įtikime į Jėzų Kristų, gauname amžinąjį gyvenimą. Jėzus Kristus yra vienintelis kelias į dangų, išgelbėjimą ir amžinąjį gyvenimą.

Kelias į amžinąjį gyvenimą yra Jėzaus Kristaus priėmimas ir panašėjimo į Jį procesas.

Aukso gatvės

Abejose gyvybės vandens upės pusėse nutiestos gatvės leidžia kiekvienam lengvai rasti Dievo sostą beribiame danguje. Gyvybės vandens upė išteka nuo Dievo ir Avinėlio sosto, teka per Naujosios Jeruzalės miestą bei visas dangaus buveine ir sugrįžta prie Dievo sosto.

Angelas parodė man gyvybės vandens upę, tvaskančią tarsi krištolas, ištekančią nuo Dievo ir Avinėlio sosto. Aikštės viduryje, tarp upės atšakų, auga gyvybės medis, duodantis dvylika derlių, kiekvieną mėnesį vedantis vaisių, o to medžio lapai tinka tautoms gydyti (Apreiškimas Jonui 22, 1-2).

Dvasiškai vanduo simbolizuoja Dievo Žodį, mes semiamės gyvybės iš Jo Žodžio ir įeiname į amžinąjį gyvenimą per Jėzų Kristų, todėl gyvybės vanduo išteka iš Dievo ir Avinėlio sosto.

Gyvybės vandens upė supa ratu visą dangų, todėl mes galime lengvai pasiekti Naująją Jeruzalę, eidami palei upę aukso gatve bet kurioje jos pusėje.

Aukso gatvių reikšmė

Aukso gatvės nutiestos ne tik Naujojoje Jeruzalėje, bet ir visose kitose dangaus vietose. Tačiau kaip buveinių spindesys, medžiagos ir grožis yra skirtingi, taip ir aukso gatvių spindesys kiekvienoje buveinėje skirtingas.

Grynas auksas danguje yra ne toks, kaip šiame pasaulyje, jis ne minkštas bet kietas. Tačiau kai vaikščiosime aukso gatvėmis, jos atrodys minkštos. Danguje nėra dulkių, jokio purvo ir niekas nesidėvi, todėl aukso gatvių grindinys nedyla. Abejose pusėse žydi gėlės ir džiugina einančius gatvėmis Dievo vaikus.

Kokia gryno aukso gatvių reikšmė? Jos primena mums, kad kuo švaresnę širdis turėsime, tuo geresnėje vietoje gyvensime danguje. Mes galime įeiti į Naująją Jeruzalę tik brandžiu tikėjimu ir viltimi, todėl Dievas nutiesė joje gatves iš gryno aukso, simbolizuojančio dvasinį tikėjimą ir iš jo gimusią karštą viltį.

Gėlių keliai

Kaip ėjimas nupjauta veja, akmenuota žeme ir grįstu keliu yra nevienodas, taip skiriasi ėjimas aukso gatvėmis ir gėlių keliais. Dar yra brangakmenių kelių, ir laimė apima jais einančiuosius. Kelionės įvairiomis transporto priemonėmis –lėktuvu, traukiniu ar autobusu – patogumas skiriasi, tas pats ir danguje. Eiti keliu ne tas pats, kas būti perkeltu Dievo jėgos.

Gėlių kėlių pakraščiuose nėra gėlių, nes jie nutiesti iš gėlių, kuriomis vaikšto žmonės. Eiti jomis švelnu ir minkšta, kaip basomis einant kilimu. Gėlės nenukenčia ir nenuvysta, nes mūsų dvasiniai kūnai yra labai lengvi, ir mes nesutrypiame gėlių.

Be to, dangaus gėlės džiaugiasi ir skleidžia kvapą, kai Dievo vaikai eina jomis. Kai jie eina gėlių keliais, kvapai susigeria į jų kūnus, ir palaima, atgaiva bei džiaugsmas užlieja jų širdis.

Brangakmenių keliai

Brangakmeniais grįsti keliai žėri įvairiausiomis spalvomis ir nuostabiomis šviesomis ir dar nuostabiau sušvinta, kai dvasiniai kūnai eina jais. Net brangakmeniai skleidžia kvapus, ir einančiuosius apima neapsakoma laimė ir didžiulis džiaugsmas. Einant brangakmenių keliu, apima jaudulys, nes atrodo, kad eini vandeniu. Tai nereiškia, kad jaučiamės grimztantys ar skęstantys, kiekvienas žingsnis sukelia džiugią ekstazę ir lengvą įtampą.

Brangakmenių keliai yra tik tam tikrose dangaus vietose. Kitaip tariant, jie veda į dangaus namus, kuriuose gyvenančiųjų širdys yra panašios į Viešpaties širdį, nes jie labai daug padarė, kad leistų Dievui keisti jų prigimtį ir gyvenimą. Karaliaus rūmuose ar pilyje net siauras takelis būna papuoštas ir grįstas aukščiausios kokybės medžiagomis.

Danguje žmonės nepavargsta, ir jiems niekas nenusibosta, bet viskas amžinai patinka, nes tai dvasinis pasaulis. Jie jaučia dar daugiau džiaugsmo ir palaimos, nes net nedideli daiktai turi dvasinę prasmę, ir žmonių meilė ir žavėjimasis tik didėja.

Kokia graži ir nuostabi Naujoji Jeruzalė! Dievas paruošė ją savo mylimiems vaikams. Net žmonės iš Rojaus, Pirmosios, Antrosios ir Trečiosios Dangaus karalysčių nepaprastai džiūgaus ir bus be galo dėkingi, kai eis su kvietimais pro perlų vartus į Naująją Jeruzalę.

Ar įsivaizduojate, kaip daug labiau džiūgaus ir dėkingesni bus Dievo vaikai, gyvensiantys Naujojoje Jeruzalėje todėl, kad ištikimai ir teisingai sekė Viešpatį?

Trys raktai į Naująją Jeruzalę

Naujoji Jeruzalė yra kubo formos miestas, kurios plotis, ilgis ir aukštis yra po 2400 km. Miesto mūro siena turi dvylika vartų ir dvylika pamatų. Miesto mūras, dvylika vartų ir dvylika pamatų turi dvasinę prasmę. Jei mes suprantame jų prasmę, ir ji tampa tikrove mūsų širdyse, mes įgyjame dvasinę brandą, leidžiančią įeiti į Naująją Jeruzalę. Miesto mūro, vartų ir pamatų dvasinė prasmė yra raktai į Naujosios Jeruzalės miestą

Pirmasis raktas į Naująją Jeruzalę slypi miesto mūre. Kaip parašyta Apreiškime Jonui 21, 18, *„Jo mūras sukrautas iš jaspio, o pats miestas iš gryno aukso, panašaus į tyrą stiklą,"* ir jaspis dvasiškai simbolizuoja Dievui patinkantį tikėjimą.

Tikėjimas yra krikščionio gyvenimo pagrindas ir esmė. Be tikėjimo mes negalime būti išgelbėti ir patikti Dievui. Kad įeitume į Naujosios Jeruzalės miestą, turime turėti Dievui patinkantį tikėjimą – penktąjį tikėjimo laipsnį, tai aukščiausias tikėjimo laipsnis. Todėl pirmasis raktas yra penktasis tikėjimo laipsnis – Dievui patinkantis tikėjimas.

Antrasis raktas slypi pamatų brangakmeniuose. Dvasinių širdies savybių, kurias simbolizuoja dvylika pamatų brangakmenių, junginys yra tobuloji meilė, ji ir yra antrasis raktas į Naująją Jeruzalę.

Dvylika pamatų yra iš dvylikos skirtingų brangakmenių. Kiekvienas iš dvylikos pamatų brangakmenių simbolizuoja skirtingą dvasinę širdies savybę. Tai tikėjimas, dorumas, pasiaukojimas, teisumas, ištikimybė, aistra, gailestingumas, kantrybė, gerumas, susivaldymas, tyrumas, ir romumas. Kai sujungiame visas šias savybes, jos tampa Jėzaus Kristaus ir Dievo Tėvo, kuris yra meilė, širdimi. Antrasis raktas į Naująją Jeruzalę yra tobula meilė.

Trečiasis raktas į Naująją Jeruzalę slypi dvylikoje perlų vartų. Perlu Dievas mums rodo, kaip patekti į Naująją Jeruzalę. Perlas susiformuoja visiškai kitaip negu kiti brangakmeniai. Auksas, sidabras, brangakmeniai, iš kurių padaryti 12 pamatų, susiformuoja žemėje, bet perlai atsiranda gyvoje būtybėje. Dauguma perlų susiformuoja moliuskuose perluotėse. Perluotė kenčia skausmą, išskiria perlamutrą ir suformuoja perlą. Tai pat ir Dievo vaikai turi ilgai kęsti skausmą, kol tampa panašūs į Dievą.

Dievui Tėvui reikia tokių vaikų, kurie nuplauti Jėzaus Kristaus krauju vėl neišsipurvina, bet tobulu tikėjimu patinka Dievui. Tobulas tikėjimas reikalauja ištikimo širdies. Mūsų širdis tampa ištikima, kai pašaliname iš jos visas nuodėmes bei visą blogį ir pripildome ją gerumu ir meile.

Dievas leidžia mums patirti tikėjimo išbandymus, kad įgytume ištikimą širdį ir tobulą tikėjimą. Jis leidžia mums pamatyti nuodėmes ir blogį savo širdyse įvairiose situacijose. Kai mes pamatome savo nuodėmes ir sugedimą, skausmas perveria širdį, kaip aštriam svetimkūniui įsmigus į perluotės moliusko kūną. Kaip perluotė paengia svetimkūnį daugybe perlamutro sluoksnių, taip išbandymų metų perlamutro sluoksnis storėja mūsų širdyse. Kaip perluotės moliuskas suformuoja perlą, taip ir mes, tikintieji, turime suformuoti dvasinį perlą, kad įeitume į Naująją Jeruzalę. Tai trečiasis raktas į Naująją Jeruzalę.

Noriu, kad suprastumėte Naujosios Jeruzalės mūro, dvylikos vartų ir dvylikos pamatų brangakmenių dvasinę prasmę ir turėtumėte tris raktus į Naująją Jeruzalę, išsiugdydami dvasines širdies savybes.

7 skyrius

Kerintis reginys

1. Nereikia saulės ar mėnulio šviesos
2. Naujosios Jeruzalės žavesys
3. Amžinasis gyvenimas su Viešpačiu, mūsų Jaunikiu
4. Naujosios Jeruzalės gyventojų garbė

„Bet aš jame nemačiau šventyklos, nes Viešpats, visagalis Dievas, ir Avinėlis yra jo šventykla. Miestui apšviesti nereikia nei saulės, nei mėnulio, nes jį apšviečia tviskanti Dievo šlovė ir jo žiburys yra Avinėlis. Tautos vaikščios jo šviesoje, ir žemės karaliai atsineš į jį savo puošnumą. Jo vartai nebus uždaromi dieną, nes tenai nebus nakties, ir į jį bus sugabenti tautų lobiai ir brangenybės. Bet ten niekada nepateks, kas netyra, joks nešvankėlis ar melagis, o tiktai tie, kurie įrašyti Avinėlio gyvenimo knygoje."

- Apreiškimas Jonui 21, 22-27 -

Apaštalas Jonas, kuriam Šventoji Dvasia parodė Naująją Jeruzalę, detaliai aprašė miesto vaizdą, žiūrėdamas į jį iš aukštesnės vietos. Jonas labai troško pamatyti Naujosios Jeruzalės vidų, ir kai pagaliau jį pamatė, reginys buvo toks nuostabus, kad apaštalą apėmė ekstazė.

Jei mes galėsime įeiti į Naująją Jeruzalę, pamatysime atvirus arkos formos perlo vartus, bet jie tokie dideli, kad nepajėgsime aprėpti jų žvilgsniu.

Tą akimirką neapsakomai nuostabios Naujosios Jeruzalės miesto šviesos apsups mūsų kūnus. Mes jausime didžią Dievo meilę ir ašaros nesuvaldomai riedės mūsų skruostai.

Jausdamiesi sklidini dieviškos meilės mes nešime begalinę šlovę ir garbę Dievui Tėvui, apsaugojusiam mus savo liepsnojančiu žvilgsniu; Viešpačiui, atpirkusiam mus savo krauju ant kryžiaus; ir mūsų širdyse gyvenančiai Šventajai Dvasiai, mokiusiai mus gyventi tiesoje.

Dabar aptarkime Naujosios Jeruzalės miesto detales, remdamiesi apaštalo Jono aprašymu.

1. Nereikia saulės ar mėnulio šviesos

Apaštalas Jonas aprašo pilnos Dievo šlovės Naujosios Jeruzalės vidaus reginį:

Miestui apšviesti nereikia nei saulės, nei mėnulio, nes jį apšviečia tviskanti Dievo šlovė ir jo žiburys yra

Avinėlis (Apreiškimas Jonui 21, 23).

Nujoji Jeruzalė pripildyta Dievo šlovės, nes pats Dievas valdo šį miestą, ir jame yra dvasinės karalystės viršūnė, kurioje Jis priėmė Trejybės pavidalą žmonių ugdymui.

Dievo šlovė apšviečia Naująją Jeruzalę

Dievas sukūrė saulę ir mėnulį šiai žemei, kad mes atskirtume gėrį nuo blogio bei dvasią nuo kūno per šviesą ir tamsą ir galėtume gyventi kaip tikri Dievo vaikai. Jis viską žino apie dvasią ir kūną bei gėrį ir blogį, bet žmonės nesupranta šių dalykų be dvasinio ugdymo, nes jie yra tik kūriniai.

Kai pirmasis žmogus Adomas gyveno Edeno sode prieš žmonijos ugdymo pradžią, jis negalėjo sužinoti apie blogį, mirtį, tamsą, skurdą ar ligas. Todėl jis negalėjo suvokti tikrosios gyvenimo prasmės ir laimės ar būti dėkingas Dievui, davusiam jam viską, nors jam nieko netrūko.

Kad Adomas pažintų tikrąją laimę, jis turėjo verkti, gedėti, kęsti skausmą, sirgti ir numirti, tai ir yra žmogaus ugdymo procesas. Daugiau apie tai rasite mano knygoje *„Kryžiaus Žinia.“*

Galiausiai Adomas nusidėjo nepaklusnumu, valgydamas gėrio ir blogio pažinimo medžio vaisiaus, buvo išvarytas į šią žemę ir patyrė reliatyvumą. Tik po to jis suprato, koks apstus, laimingas ir gražus buvo jo gyvenimas Edeno sode, ir galėjo iš visos širdies padėkoti Dievui.

Jo ainiai taip pat išmoko atskirti šviesą nuo tamsos, dvasią nuo kūno ir gėrį nuo blogio, patirdami daugybę įvairiausių sunkumų. Todėl, kai būsime išganyti ir nueisime į dangų, saulės ir mėnulio šviesa, tarnaujanti žmonių ugdymui, bus nebereikalinga. Kadangi pats Dievas būna Naujosios Jeruzalės mieste, jame nėra jokios tamsos. Dievo šlovės šviesa yra pati skaisčiausia Naujojoje Jeruzalėje, ir akivaizdu, kad miesto apšvietimui nereikia saulės, mėnulio ir žibintų.

Avinėlis – Naujosios Jeruzalės žiburys

Apaštalas Jonas nematė saulės, mėnulio ar kokių nors žibintų, nes Jėzus Kristus – Avinėlis, yra Naujosios Jeruzalės miesto žiburys.

Pirmajam žmogui Adomui nusidėjus nepaklusnumu, žmonija pasuko mirties keliu (Laiškas romiečiams 6, 23). Meilės Dievas atsiuntė Jėzų į šią žemę išspręsti nuodėmės problemą. Jėzus, Dievo Sūnus, atėjęs kūne į šią žemę, nuplovė mūsų nuodėmes, praliedamas savo kraują, ir palaužęs mirties galią tapo pirmuoju prisikėlimo vaisiumi.

Todėl visi, kurie priima Jėzų kaip savo asmeninį Gelbėtoją, gauna gyvybę ir dalį prisikėlime, džiaugiasi amžinuoju gyvenimu danguje ir gauna atsakymus į visus klausimus šioje žemėje. Be to, Dievo vaikai tampa pasaulio šviesa, gyvendami šviesoje, ir atneša garbę Dievui per Jėzų Kristų. Kitaip tariant, kaip žiburys skleidžia šviesą, taip Dievo šlovės šviesa skaisčiai tviska per mūsų Gelbėtoją Jėzų.

2. Naujosios Jeruzalės žavesys

Žiūrėdami į Naujosios Jeruzalės miestą iš toli matome

nuostabius pastatus iš daugybės įvairiausių brangakmenių ir aukso šlovės debesyse. Miestas atrodo kaip gyvas, nes jame skaisčiomis ir melsvomis spalvomis pulsuoja įvairiausios šviesos: iš brangakmenių pastatytų namų šviesos, Dievo šlovės šviesa, jaspio mūro ir gryno aukso spindesys.

Kaip apsakyti žodžiais džiugų įžengimo į Naująją Jeruzalę jaudulį? Miesto grožis, didingumas ir žavesys pranoksta mūsų vaizduotę. Miesto centre stovi Dievo sostas, gyvybės vandens upės šaltinis. Aplink Dievo sostą stovi Jo numylėtinių Elijo, Henocho, Abraomo, Mozės, Marijos Magdalietės ir Mergelės Marijos namai.

Viešpaties pilis

Viešpaties pilis stovi Dievo sosto, kuriame Dievas sėdi garbinimo ceremonijų ir puotų Naujojoje Jeruzalėje metu, dešinėje. Viešpaties pilies centre stovi milžiniškas pastatas su aukso stogu, o jį supa begalinė daugybė kitų įvairiausių pastatų, ypač daug šlovės kryžių, žėrinčių skaisčia šviesa ant auksinių kupolo formos stogų. Jie primena mums, kad tik per Jėzaus kryžių buvome išgelbėti ir patekome į dangų.

Didysis centrinis pastatas yra cilindro formos, papuoštas daugybe tobulai nušlifuotų brangakmenių, žėrinčių visomis vaivorykštės spalvomis. Jei palygintume Viešpaties pilį su žmonių statiniais šioje žemėje, panašiausias į juos yra Vasilijaus Palaimintojo soboras Maskvoje, Rusijoje. Tačiau Viešpaties pilies architektūros stilius, medžiagos ir dydis nepalyginamai pranoksta pačius didingiausius pastatus kada nors pastatytus šioje žemėje.

Be centrinio pastato Viešpaties pilyje yra daug kitų pastatų.

Pats Dievas Tėvas pastatė šiuos pastatus, kad turintieji artimą dvasinį ryšį gyventų su savo mylimaisiais. Dvylikos apaštalų namai stovi išsirikiavę vienas paskui kitą Viešpaties pilyje. Petro, Jono ir Jokūbo namai stovi priekyje, o už jų kitų apaštalų namai. Marijos Magdalietė ir Mergelės Marijos namai taip pat yra Viešpaties pilyje. Žinome, šios dvi moterys apsistoja juose laikinai, kai Viešpats jas pasikviečia, o jų nuolatinės į rūmus panašios buveinės yra prie Dievo sosto.

Šventosios Dvasios pilis

Dievo sosto kairėje stovi didžiuliai Šventosios Dvasios pilis, simbolizuojanti motinišką Šventosios Dvasios romumą ir švelnumą daugybe įvairaus dydžio kupolo formos pastatų.

Didžiausio pastato pilies centre stogas – vienas didžiulis sardis simbolizuoja aistrą. Gyvybės vandens upė, ištekanti iš Dievo sosto ir Viešpaties pilies juosia šį pastatą.

Visos pilys Naujojoje Jeruzalėje yra neapsakomai milžiniškos ir didingos, bet Viešpaties ir Šventosios Dvasios pilys išsiskiria savo didybe ir grožiu. Savo dydžiu jos panašesnės į miestus negu į pilis, ir yra pastatytos ypatingu būdu, nes pats Dievas Tėvas pastatė jas, o kitus pastatus pastatė angelai. Be to, kaip ir Viešpaties pilis, paklusniųjų Šventajai Dvasiai ir stačiusiųjų Dievo karalystę Šventosios Dvasios eroje namai yra gražiai pastatyti aplink Šventosios dvasios pilį.

Didžioji šventykla

Daugybė pastatų yra statomi aplink Šventosios Dvasios pilį,

bet vienas pastatas yra ypatingai didingas ir nuostabus. Jis turi apskritą stogą, dvylika aukštų kolonų ir dvylika vartų tarp jų. Tai Didžioji šventykla naujosios Jeruzalė mieste.

Tačiau Apreiškimas Jonui 21, 22 sako: *„Bet aš jame nemačiau šventyklos, nes Viešpats, visagalis Dievas, ir Avinėlis yra jo šventykla."* Kodėl apaštalas Jonas nematė šventyklos? Paprastai žmonės mano, kad Dievui reikia vietos, kur apsistoti, tai yra šventyklos, kaip mums reikia buveinės. Todėl šioje žemėje mes garbiname Jį šventyklose, kuriose skelbiamas Dievo Žodis.

Evangelija pagal Joną 1, 1 sako: *„Pradžioje buvo Žodis. Tas Žodis buvo pas Dievą, ir Žodis buvo Dievas,"* kur yra Žodis, ten yra Dievas; kur Žodis skelbiamas, ten šventykla. Tačiau pats Dievas apsistoja Naujosios Jeruzalė mieste. Dievas, kuris yra Žodis, ir Viešpats, kuris yra viena su Dievu, gyvena Naujosios Jeruzalės mieste, todėl jokios kitos šventyklos ten nereikia. Per apaštalą Joną Dievas mums sako, kad šventykla nereikalinga, nes Dievas ir Viešpats yra šventykla Naujojoje Jeruzalėje.

Kodėl šiandien statoma Didžioji šventykla, kurios nebuvo apaštalo Jono laikais? Apaštalų darbai 17, 24 sako: *„Dievas, pasaulio ir visko, kas jame yra, kūrėjas, būdamas dangaus ir žemės valdovas, gyvena ne rankų darbo šventyklose,"* Dievas negyvena kokioje nors konkrečioje pastatytoje šventykloje.

Taip pat nors danguje yra Dievo sostas, Jis nori pastatyti Didžiąją šventyklą, simbolizuojančią jo šlovę; Didžioji šventykla bus nepaneigiamas Dievo galios ir garbės įrodymas visam pasauliui.

Šioje žemėje yra daug didingų pastatų. Žmonės investuoja didžiulius pinigus ir stato nuostabius statinius savo garbei ir pagal savo norus, bet niekas to nedaro Dievui, kuris tikrai yra vertas garbės. Todėl Dievas nori pastatyti nuostabią ir didingą Didžiąją šventyklą per savo vaikus, gavusius Šventąją Dvasią ir pašventintus. Jis nori būti garbinamas žmonių iš visų tautų (Metraščių pirma knyga 22, 6-16).

Kai nuostabi Didžioji šventykla bus pastatyta, kaip Dievas nori, žmonės iš visų tautų garbins Dievą ir ruošis priimti Jį kaip Viešpaties sužadėtinės. Dievas paruošė Didžiąją šventyklą, evangelizacijos centrą, kad atvestų į išgelbėjimo kelią nesuskaičiuojamą daugybę žmonių ir nuvestų juos į Naująją Jeruzalę laikų pabaigoje. Jei mes suvokiame Dievo apvaizdą, statome Didžiąją šventyklą ir garbiname Dievą, Jis atlygins mums pagal darbus ir pastatys Didžiąją šventyklą Naujosios Jeruzalės mieste.

Matydami Didžiąją šventyklą, pastatytą iš brangakmenių ir aukso, nepalyginamų su jokiomis žemiškomis medžiagomis, įėjusieji į dangų bus amžinai dėkingi už Dievo meilę, atvedusią mus į šlovės ir palaimos kelią per mūsų širdžių ugdymą šioje žemėje.

Dangiški namai papuošti auksu ir brangakmeniais

Aplink Šventosios Dvasios pilį stovi namai, išpuošti įvairiais brangakmeniais, ir daug dar statomų namų. Daugybė angelų darbuojasi, Tvirtindami brangakmenius įvairiose vietose ir ruošdami sklypus namams. Dievas atlygina kiekvienam žmogui pagal darbus ir apgyvendina jam skirtame name.

Dievas parodė man dviejų labai ištikimų mūsų bažnyčios narių namus. Viena iš jų labai stiprino bažnyčią, dieną ir naktį melsdamasi už Dievo karalystę, ir jos namas skleidžia maldos bei ištvermės aromatą, jis nuo pat įėjimo nusagstytas spindinčiais brangakmeniais.

Pagal jos malonų būdą, sodo kampe stovi stalas prie kurio ji gali mėgautis arbata su savo artimaisiais. Vejoje žydi mažos įvairiaspalvės gėlės. Taip atrodo įėjimas į vieno žmogaus sodą. Ar galite įsivaizduoti, kaip didingai turi atrodyti pagrindinis pastatas?

Kitas namas, kurį Dievas man parodė, priklauso bažnyčios narei, kuri šioje žemėje buvo pasišventusi literatūrinei evangelizacijai. Mačiau vieną iš daugybės kambarių tame name. Ten stovi rašomasis stalas, kėdė ir žvakidė, visi jie iš aukso, taip pat mačiau daug knygų šiame kambaryje. Tai jos atlyginimas ir literatūrinės evangelizacijos darbo, atnešusio garbę Dievui įvertinimas, nes Dievas žino, kad jai labai patinka skaityti knygas.

Dievas ne tik paruošia mums namus, bet ir apdovanoja mus neapsakomai gražiais daiktais, atsilygindamas už tai, kad atsisakėme pasaulio malonumų šioje žemėje ir pasišventėme Dievo karalystės kūrimui.

3. Amžinasis gyvenimas su Viešpačiu, mūsų Jaunikiu

Naujosios Jeruzalės mieste nuolat keliamos įvairios puotos, viena iš jų yra Dievo Tėvo rengiama puota. Jos keliamos tam, kad naujosios Jeruzalės gyventojai galėtų pasikviesti brolius ir seseris, gyvenančius kitose dangaus buveinėse.

Kokia garbė ir laimė gyventi Naujojoje Jeruzalėje, būti Viešpaties pakviestam dalintis meile su Juo ir dalyvauti puikiose puotose!

Šiltas priėmimas Viešpaties pilyje

Kai Naujojoje Jeruzalėje Viešpats, mūsų Jaunikis, pakviečia žmones, jie pasipuošia kaip gražiausios nuotakos ir džiūgaujančiomis širdimis susirenka prie Viešpaties pilies. Kai šios Viešpaties nuotakos susirenka prie Viešpaties pilies, du angelai, stovintys abejose žėrinčių pagrindinių vartų pusėse, mandagiai juos pasveikina. Tuo metu kvapas iš daugybe gėlų ir brangakmenių papuoštų sienų apgaubia jų kūnus ir dar labiau pradžiugina širdis. Einant pro pagrindinius vartus, pasigirsta tyli šlovinimo giesmės melodija, paliečianti dvasios gelmes. Ją išgirdus, ramybė, laimė ir dėkingumas už Dievo meilę užlieja jų širdis, nes jie žino, kad Jis juos čia atvedė.

Angelų lydimi jie eina skaidraus kaip stiklas aukso gatve į pagrindinį pastatą pro daugybę gražių pastatų ir sodų. Pakeliui į pagrindinį pastatą jų širdys netveria viltimi susitikti su Viešpačiu. Artėdami prie pagrindinio pastato jie pamato jų laukiantį Viešpatį. Ašaros temdo jiems akis, bet jie bėga pas Viešpatį, karštai trokšdami susitikti su Juo nors sekunde anksčiau. Viešpats laukia jų plačiai išskėstomis rankomis, Jo veidas kupinas meilės ir romumo, Jis apkabina kiekvieną iš jų.

Viešpats jiems sako: „Ateikite, mano gražiosios nuotakos! Jūs visi labai laukiami!" Pakviestieji Jo glėbyje kalba apie savo meilę ir dėkoja: „Iš visos širdies ačiū, kad pakvietei mane!" Paskui jie vaikštinėja su Viešpačiu kaip įsimylėjėlių poros, ir Jėzus negaili laiko draugiškiems pokalbiams, kurių jie tai ilgėjosi šioje žemėje.

Pagrindinio pastato dešinėje tyvuliuoja didelis ežeras, Ir Viešpats nuodugniai paaiškina savo tarnystės šioje žemėje aplinkybes ir jausmus.

Panašaus į Galilėjos ežeras

Kodėl šis ežeras jiems panašus į Galilėjos ežerą? Dievas sukūrė šį ežerą atminimui, nes Viešpats pradėjo savo tarnystę ir didelę jos dalį atliko prie Galilėjos ežero (Evangelija pagal Matą 4, 23). Izaijo knygoje 8, 23 parašyta: *„Tačiau patyrusieji vargą neliks tamsoje. Kaip seniau buvo pažeminęs Zabulono kraštą ir Naftalio kraštą, taip ilgainiui jis išaukštins Pajūrio vieškelį, kraštą į vakarus nuo Jordano, tautų Galilėją."* Izaijas išpranašavo, kad Viešpats pradės savo tarnystę prie Galilėjos ežero, ir ši pranašystė išsipildė.

Daug žuvų, švytinčių įvairių spalvų šviesomis, plaukioja šiame ežere. Dvidešimt pirmame Evangelijos pagal Joną skyriuje parašyta, kad priskėlęs Viešpats pasirodė Petrui, nepagavusiam nė vienos žuvies ir pasakė: *„Užmeskite tinklą į dešinę nuo valties, ir pagausite"* (6 eilutė), ir kai Petras pakluso Jam, sugavo 153 žuvis. Viešpaties pilies ežere taip pat yra 153 žuvys Viešpaties tarnystės atminimui. Kai šios žuvys iššoka virš vandens, jų spalvos kaitaliojasi, džiugindamos svečius.

Viešpats vaikšto šio ežero vandeniu, kaip ėjo Galilėjos ežeru šioje žemėje. Paskui pakviestieji sustoja aplink ežerą ir klauso išsiilgtojo Viešpaties kalbos. Jis detaliai paaiškina, kaip ėjo per Galilėjos ežero vandenį šioje žemėje. Petras, kelias akimirkas ėjęs per vandenį šioje žemėje, paklusdamas Dievo Žodžiui, gailėjosi, kad ėmė skęsti dėl savo menko tikėjimo (Evangelija pagal Matą 14, 28-32).

Muziejus Viešpaties tarnystės garbei

lankydamiesi įvairiose vietose su Viešpačiu žmonės prisimena savo širdžių ugdymo laikus šiame pasaulyje, ir juos užlieja Tėvo ir Viešpaties meilė, paruošusi dangų. Jie atvyksta į muziejų, esantį kairėje pagrindinio Viešpaties pilies pastato pusėje. Pats Dievas Tėvas pastatė jį Viešpaties žemiškosios tarnystės atminimui, kad žmonės pamatytų ir pajustų jos tikrovę. Pavyzdžiui, ten yra tiksliai atkurta vieta, kurioje Poncijus Pilotas teisė Jėzų, ir taip pat Kryžiaus kelias, kuriuo Jėzus nešė kryžių į Golgotą. kai žmonės apžiūrinėja šias vietas, Viešpats išsamiai paaiškina tuos įvykius.

Prieš kurį laiką, apimtas Šventosios Dvasios įkvėpimo, aš sužinojau, ką Viešpats išpažino Dievui tuo metu, ir noriu su jumis pasidalinti. Tai nuoširdus išpažinimas palikusio dangaus šlovę ir atėjusio į šį pasaulį mūsų Viešpaties, kai Jis nešė kryžių į Golgotą.

Tėve! Mano Tėve!
Mano Tėve, Tavo šviesa tobula,
Tu tikrai viską myli!
Žemė, kuria pirmą kartą
ėjau su Tavimi,
ir žmonės
nuo pasaulio sukūrimo laikų
labai sugedo...

Dabar aš suprantu,
kodėl Tu mane čia atsiuntei,
kodėl Tu leidai man kentėti šiuos sunkumus,

kylančius iš žmonių sugedusių širdžių,
ir kodėl Tu leidai man čia ateiti
iš šlovingo dangaus!
Dabar aš visa tai jaučiu
ir suprantu
savo širdies gelmėse.

Bet Tėve!
Aš žinau, kad Tu viską atstatysi
savo teisingumu ir paslaptimis.
Tėve!
Visi šie įvykiai truks tik akimirką.
Bet dėl garbės,
kurią Tu man duosi,
ir šviesos kelio,
kurį Tu atveri šiems žmonėms,
Tėve,
aš nešu šį kryžių su viltimi ir džiaugsmu.

Tėve, aš galiu eiti šiuo keliu.
nes tikiu,
kad tu atversi šį šviesos kelią
savo meile
ir apšviesi savo Sūnų
nuostabiomis šviesomis,
kai visi šie įvykiai
netrukus baigsis.

Tėve!

Aš vaikščiojau aukso žeme
ir aukso keliais,
uosdavau gėlių kvapą
nepalyginamą su šios žemės
gėlių kvapu,
dėvėjau drabužius
iš visai kitokio audeklo
nei šis žemiškasis,
ir gyvenau
dangaus šlovėje.
Aš noriu, kad šie žmonės
ateitų į tą nuostabią ir ramią vietą.

Tėve,
I Aš suprantu visą Tavo apvaizdą.
Kodėl Tu dovanojai man gimimą,
kodėl Tu man davei šią pareigą,
kodėl Tu leidai man čia ateiti,
vaikščioti sugedusia žeme,
ir skaityti sugedusių žmonių mintis.
Aš giriu Tave, Tėve,
už Tavo meilę, didybę
ir visą Tavo tobulumą.

Mano brangus Tėve!
Žmonės mano, kad aš nesiginu,
kad sakau esąs žydų karalius.
Bet Tėve,
ar jie gali suprasti prisiminimus,

Dangus II

kylančius iš mano širdies,
meilę Tėvui, plūstančią iš mano širdies,
meilę šiems žmonėms,
kuri liejasi iš mano širdies?

Tėve,
vėliau daug žmonių supras tai,
kas netrukus įvyks,
per Šventąją Dvasią,
Tu jiems dovanosi Ją,
kai manęs nebebus.
Dėl šios skausmo akimirkos,
Tėve, neliek ašarų
ir nenusisuk nuo manęs.
Neleisk skausmui pripildyti Tavo širdies,
Tėve!

Tėve, aš myliu Tave!
Kabodamas ant kryžiaus
ir liedamas savo kraują iki paskutinio atodūsio,
Tėve, aš galvosiu apie visa tai
ir šių žmonių širdis.

Tėve, negailėk manęs,
bet būk pagarbintas per savo Sūnų,
ir Tėvo numatyti planai
bus įgyvendinti amžinybei.

Viešpats Jėzus paaiškina, apie ką Jis galvojo ant kryžiaus: apie dangaus šlovę, save stovintį prieš Tėvą, žmones; priežastis, kodėl Tėvas davė Jam šią pareigą ir taip toliau.

Pakviestieji į Viešpaties pilį verkia, tai girdėdami, ir su ašaromis dėkoja Viešpačiui už tai, kad Jis prisiėmė kryžių už juos, ir iš visos širdies sako: „Mano Viešpatie, Tu esi mano tikrasis Gelbėtojas!"

Viešpaties sunkumų atminimui Dievas nutiesė daug brangakmenių kelių į Viešpaties pilį. Kai kas nors eina margaspalviais deimantais išpuoštu keliu, jie skaičiau sužėri, ir atrodo, kad žmogus eina vandeniu. Be to, žmonijos nuodėmių atpirkimo ant kryžiaus atminimui, Dievas Tėvas padarė medinį kryžių suteptą krauju. Ten yra ir Betliejaus tvartas, kuriame gimė Viešpats, ir daug kitų dalykų, kad pajustume Viešpaties žemiškosios tarnystės tikrovę. Kai žmonės lanko šias vietas, jie aiškiai mato Viešpaties darbus, girdi apie juos, dar giliau pajunta Viešpaties bei Tėvo meilę ir dar karščiau garbina Dievą ir dėkoją Jam.

4. Naujosios Jeruzalės gyventojų garbė

Naujoji Jeruzalė yra pati gražiausia vieta danguje, atveriama tiems, kas leido pašventinti savo širdis ir buvo ištikimi visuose Dievo namuose. Apreiškimas Jonui 21, 24-26 sako mums, kokiems žmonėms bus suteikta garbė įžengti į Naująją Jeruzalę:

> *Tautos vaikščios jo šviesoje, ir žemės karaliai atsineš į jį savo puošnumą. Jo vartai nebus uždaromi dieną, nes tenai nebus nakties, ir į jį bus sugabenti tautų lobiai ir brangenybės.*

Tautos vaikšto jo šviesoje

Tautos čia reiškia visus išganytus žmones, nepaisant jų etninės kilmės. Nors žmonių pilietybės, rasės ir kiti atributai yra skirtingi, išgelbėti per Jėzų Kristų jie visi tampa Dievo vaikais ir gauna dangaus karalystės pilietybę.

Todėl frazė „tautos vaikščios jo šviesoje" reiškia, kad visi Dievo vaikai vaikščios Dievo šlovės šviesoje. Tačiau ne visiems Dievo vaikams bus suteikta garbė laisvai įeiti į Naujosios Jeruzalės miestą. Gyvenantieji Rojuje, Pirmojoje, Antrojoje ir Trečiojoje dangaus karalystėse gali įeiti į Naujosios Jeruzalės miestą tik su kvietimais. Tik tobulai pašventintieji ir ištikimi visuose Dievo namuose turės garbę amžinai matyti Dievo Tėvo veidą Naujojoje Jeruzalėje.

Žemės karaliai atsineš į jį savo puošnumą

Žemės karaliai danguje yra buvusieji dvasiniai vadovai šioje žemėje. Jie šviečia kaip dvylikos Naujosios Jeruzalės mūro pamatų brangakmeniai ir turi teisę amžinai gyventi dangaus mieste. Kai Dievo pripažintieji stovės prieš Jį, jie turės atsinešę savo iš visos širdies paruoštas dovanas. Dovanos yra viskas, kas atnešė Dievui garbę jų širdyse, tyrose ir skaidriose kaip krištolas.

Todėl „žemės karaliai atsineš į jį savo puošnumą" reiškia, kad jie atsineša kaip dovanas visus Dievo karalystei ir Jo garbei žemėje atliktus darbus ir su jais įeina į Naująją Jeruzalę.

Žemės karaliai siunčia dovanas didesnių ir stipresnių tautų karaliams, norėdami jiems įsiteikti, bet dovanos Dievui atnešamos su dėkingumu už išgelbėjimą ir amžinąjį gyvenimą.

Dievas mielai priima šias dovanas ir suteikia jiems garbę amžinai gyventi Naujosios Jeruzalės mieste. Naujojoje Jeruzalėje nėra tamsos, nes Dievas, kuris yra šviesa, gyvena joje. Ten nėra nakties, blogio, mirties ar vagių, todėl Naujosios Jeruzalės vartų nereikia uždaryti. Tačiau Šventasis Raštas sako „dieną", nes mūsų pažinimas ribotas, ir mes negalime suprasti visko, kas yra danguje.

Sugabenti tautų lobiai ir brangenybės

Ką reiškia frazė „ir į jį bus sugabenti tautų lobiai ir brangenybės"? Tautos yra priėmusieji išgelbėjimą visų žemės tautų žmonės, ir „į jį bus sugabenti tautų lobiai ir brangenybės" reiškia, kad šie žmonės atsineš į Naująją Jeruzalę visus savo darbus, atnešusius garbę Dievui ir skleidusius Jėzaus Kristaus kvapą šiame pasaulyje.

Kai vaikas uoliai mokosi, kad gautų gerus pažymius, jis pasigiria savo tėvams. Tėvai džiaugiasi su juo, nes didžiuojasi savo vaiko darbštumu, net jeigu jis negauna pačių geriausių pažymių. Taip pat tai, ką šioje žemėje su tikėjimu padarome Dievo karalystei, skleidžia Jėzaus Kristaus kvapą ir neša garbę Dievui, ir Jis su džiaugsmu tai priima.

Minėjome, kad „žemės karaliai atsineš į jį savo puošnumą", ir frazė „žemės karaliai" rodo dvasinį rangą arba tvarką, kuria žmonės ateina Dievo akivaizdon.

Turintieji teisę amžinai gyventi Naujojoje Jeruzalėje, panašioje į saulės šlovėje, pirmieji ateis pas Dievą, po jų – išgelbėtieji iš visų tautų su atitinkama garbe. Jeigu mes neturime teisės amžinai gyventi Naujojoje Jeruzalėje, galėsime apsilankyti Dievo mieste tik retkarčiais.

Kas niekada nepateks į Naująją Jeruzalę

Meilės Dievas nori visus išgelbėti ir kiekvieną apdovanoti dangiškąja buveine bei dovanomis pagal jo darbus. Todėl tie, kas neturės reikiamų širdies savybių, kad įeitų į Naująją Jeruzalę, pateks į Trečiąją, Antrąją ar Pirmąją Dangaus karalystes arba į Rojų pagal jų tikėjimo saiką. Dievas kelia ypatingas puotas ir pakviečia juos į Naująją Jeruzalę, kad ir jie pasidžiaugtų dangiškojo miesto didybe.

Tačiau yra žmonių, kurie niekada nepateks į Naująją Jeruzalę, nors Dievas ir nori jų pasigailėti. Tie, kas nepriims išgelbėjimo, niekada neregės Naujosios Jeruzalės šlovės.

Bet ten niekada nepateks, kas netyra, joks nešvankėlis ar melagis, o tiktai tie, kurie įrašyti Avinėlio gyvenimo knygoje (Apreiškimas Jonui 21, 27).

Netyri yra tie, kas teisia ir smerkia kitus bei siekia vien savo naudos. Toks asmuo imasi teisėjo vaidmens ir sąmoningai smerkia kitus, užuot juos supratęs. Nešvankėliai yra visi darantieji klastingus darbus iš netyros širdies. Jų širdys ir protai yra nepastovūs ir kaprizingi, todėl jie dėkoja tik tada, kai gauna atsakymą į savo maldas, bet skundžiasi ir dejuoja, susidūrę su išbandymais. Panašiai turintieji suktas širdis apgaudinėja savo sąžinę ir nedvejodami keičia nuomonę, siekdami savo naudos.

Melagis yra žmogus, apgaudinėjantis save ir savo sąžinę, patekęs į šėtono spąstus. Vieni melagiai meluoja iš papratimo, kiti – norėdami gero kitiems, bet Dievas nori, kad mes atsikratytume ir „nekalto" melo. Kai kurie žmonės kenkia kitiems melagingais liudijimais. Žmogus, apgaudinėjantis kitus su piktais kėslais, nebus išgelbėtas. Be to, neištikimi Šventajai Dvasiai ar sukčiaujantys Dievo darbuose taip pat yra melagiai. Judas Iskarijotas, vienas iš dvylikos Jėzaus mokinių, buvo iždininkas ir sukčiavo Dievo darbe, vogdamas pinigus iš iždo bei darydamas kitas nuodėmes. Kai galiausiai šėtonas jį užvaldė, jis išdavė Jėzų už trisdešimt sidabrinių ir buvo amžinai pasmerktas.

Kai kurie žmonės mato Šventosios Dvasios Dievo jėga išgydomus ligonius ir išvaromus demonus, bet vis tiek neigia šiuos darbus ir vadina šėtono veikimu. Šie žmonės neįeis į dangų, nes jie piktžodžiauja Šventajai Dvasiai. Dievas nori, kad mes nemeluotume jokiose aplinkybėse.

Tie, kurių vardai ištrinti iš gyvenimo knygos

Kai mes tikėjimu priimame išgelbėjimą, mūsų vardai įrašomi Avinėlio gyvenimo knygoje (Apreiškimas Jonui 3, 5), tačiau tai nereiškia, kad visi, kurie priėmė Kristų, bus išgelbėti. Mes išganomi, kai elgiamės pagal Dievo Žodį ir apipjaustydami savo širdis tampame panašūs į Viešpatį. Jeigu mes toliau gyvename netiesoje, priėmę Jėzų Kristų, mūsų vardai bus ištrinti iš gyvenimo knygos, ir mes pararsime išganymą.

Apreiškimas Jonui 22, 14-15 sako, kad palaiminti, kurie išsiplauna savo drabužius, o neišsiplovusieji drabužių nebus išgelbėti:

Palaiminti, kurie išsiplauna savo drabužius, kad

įgytų teisę į gyvybės medį ir galėtų įžengti pro vartus į miestą. O lauke lieka šunys burtininkai, palaidūnai, žudikai, stabmeldžiai ir visi, kurie mėgsta melą ir jį daro.

„Šunys" yra atkakliai darantieji melą. Kas nepalieka savo blogų darbų, bet nuolat juos kartoja, niekada nebus išgelbėtas. Toks žmogus yra kaip šuo, grįžtantis prie savo vėmalo, arba kiaulė, kuri nuprausta išsivolioja dumble. Atrodo, kad jis atsisako savo blogų darbų, bet vėl juos kartoja, arba pasitaiso, bet vėl sugrįžta prie melo.

Tačiau Dievas pripažįsta tikėjimą tų, kurie stengiasi elgtis gerai, net jeigu jie elgiasi dar ne visai pagal Dievo Žodį. Jie galiausiai bus išgelbėti, nes jie keičiasi, ir Dievas mato jų tikėjimo pastangas.

Burtininkai yra magija užsiiminėjantys žmonės. Jie elgiasi pasibjaurėtinai ir verčia kitus garbinti netikrus dievus. Dievas labai bjaurisi tokiais darbais.

Palaidūnai svetimauja, būdami susituokę. Paleistuvystė būna ne tik fizinė, bet ir dvasinė, kai ką nors mylime labiau negu Dievą. Jeigu žmogus, pažinęs gyvąjį Dievą ir patyręs Jo meilę, vis tiek pasirenka šį pasaulį ir myli pinigus arba savo šeimą labiau negu Dievą, jis įpuola į dvasinę paleistuvystę ir yra neteisus prieš Dievą.

Žudikai įvykdo fizines arba dvasines žmogžudystes. Jeigu jūs žinote dvasinę žudymo prasmę, turbūt nesiryšite drąsiai sakyti, kad nesate nieko nužudę. Dvasinė žmogžudystė yra pastūmėti Dievo vaikus į nuodėmę ir atimti jų dvasinę gyvybę (Evangelija pagal Matą 18, 7). Jeigu skaudini kitus, elgdamasis prieš tiesą, tai

taip pat dvasinis žudymas (Evangelija pagal Matą 5, 21-22).
Dvasinis žudymas yra ir neapykanta, pavydas ir pavyduliavimas, teisimas, pasmerkimas, ginčai, pyktis, apgaulė, melas, nesutarimai ir susiskaldymai, šmeižtas bei meilės ir gailestingumo neturėjimas (Laiškas galatams 5, 19-21). Kartais žmonės atpuola dėl savo sugedimo. Pavyzdžiui, jeigu jie nusigręžia nuo Dievo dėl to, kad nusivylė kuo nors bažnyčioje, kaltas jų pačių sugedimas. Jeigu jie būtų tikrai tikėję į Dievą, niekada nebūtų atpuolę.

Dievas labiausiai nekenčia stabmeldystės. Stabmeldystė būna fizinė ir dvasinė. Fizinė stabmeldystė yra dievo atvaizdo pasidarymas ir garbinimas (Izaijo knyga 46, 6-7). Dvasinė stabmeldystė yra bet kas, ką tu myli labiau negu Dievą. Jeigu žmogus, pasiduodamas kūno troškimams, myli savo sutuoktinį ar vaikus labiau negu Dievą arba laužo Dievo įsakymus, mylėdamas pinigus, pasaulio garbę ir išmintį labiau negu Dievą, jis yra dvasinis stabmeldys.

Tokie žmonės, kiek bešauktų: „Viešpatie, Viešpatie," ir eitų į bažnyčią, nebus išgelbėti ir nepateks į dangų, ne jie nemyli Dievo.

Todėl, jeigu priėmei Jėzų Kristų, gavai Šventosios Dvasios dovaną ir tavo vardas buvo įrašytas Avinėlio gyvenimo knygoje, atsimink, kad tik elgdamasis pagal Dievo Žodį pateksi į dangų ir Naująją Jeruzalę.

Naujoji Jeruzalė yra vieta, į kurią įžengs tik tobulai pašventinti ir ištikimi visuose Dievo darbuose žmonės.

Viena vertus, patekusieji į Naująją Jeruzalę regės Dievo veidą, maloniai šnekučiuosis su Viešpačiu bei džiaugsis neįsivaizduojama garbe ir šlove. Kita vertus, gyvenantieji Rojuje, Pirmojoje, Antrojoje ir Trečiojoje dangaus karalystėse apsilankys Naujosios Jeruzalės mieste tik pakviesti į ypatingas puotas, įskaitant ir Dievo Tėvo rengiamas puotas.

8 skyrius

„Aš mačiau šventąjį miestą, Naująją Jeruzalę"

1. Neįsivaizduojamų dydžių dangaus namai
2. Didinga pilis su visišku privatumu
3. Dangaus įžymybės

„*Palaiminti jūs, kai dėl manęs esate niekinami ir persekiojami bei meluojant visaip šmeižiami. Būkite linksmi ir džiūgaukite, nes jūsų laukia gausus atlygis danguje. Juk lygiai taip kadaise buvo persekiojami ir pranašai.*"

- Evangelija pagal Matą 5, 11-12 -

Naujosios Jeruzalės mieste dangiški namai statomi žmonėms, kurių širdys visiškai panašios į Dievo širdį. Pagal kiekvieno būsimo gyventojo skonį juos stato už statybas atsakingi archangelai ir angelai, vadovaujami Viešpaties. Ši garbė suteikta tik Naujosios Jeruzalės gyventojams. Kartais pats Dievas įsako archangelui pastatyti namą konkrečiam asmeniui, tiksliai pagal jo skonį. Jie nepamiršta nė vienos savo vaikų ašaros, pralietos už Jo karalystę ir apdovanoja juos nuostabiais brangakmeniais.

Evangelijoje pagal Matą 11, 12 Dievas aiškiai sako, kad kuo daugiau dvasinių mūšių laimime ir kuo brandesnį tikėjimą įgyjame, tuo nuostabesnę vietą gausime danguje:

Nuo Jono Krikštytojo dienų iki dabar dangaus karalystė jėga puolama, ir smarkieji ją sau grobia.

Meilės Dievas daug metų vedė mus jėga pulti dangų, aiškiai parodydamas Naujosios Jeruzalės miesto dangiškus namus, nes išėjęs paruošti mums vietos Viešpats labai greitai sugrįš.

1. Neįsivaizduojamų dydžių dangaus namai

Naujojoje Jeruzalėje yra daug nuostabių neįsivaizduojamo dydžio namų. Vienas gražus ir didingas dvaras pastatytas didžiuliame sklype. Centre stovi didžiulė trijų aukštų pilis, o aplink ją daug pastatų ir pramogų parkas, kaip pasaulinio garso turistų lankomoje vietoje. Tikrai nuostabu, kad šis į miestą panašus dvaras priklauso vienam žmogui, kuris leido Dievui išugdyti jo širdį šioje žemėje!

Palaiminti romieji; jie paveldės žemę

Jei turėtume daug pinigų šiame pasaulyje, galėtume nusipirkti didelį žemės sklypą ir pasistatyti kokį norime namą. Tačiau danguje negalime nusipirkti jokio sklypo ar pasistatyti namo, nepaisant jokio turimo turto, nes Dievas apdovanoja mus sklypais ir namais pagal mūsų darbus.

Evangelija pagal Matą 5, 5 sako: *„Palaiminti romieji; jie paveldės žemę.“* Pagal mūsų panašumą į Viešpatį ir dvasinį romumą, mūsų pasiektus šiame pasaulyje, mes „paveldime žemę" danguje. Dvasiškai romus žmogus priima visus žmones, jie gali ateiti pas jį ir rasti atilsį ir paguodą. Jis yra taikoje su visais bet kokiose aplinkybėse, nes jo širdis minkšta ir švelni kaip pūkas.

Tačiau jei mes nuolaidžiaujame pasauliui ir einame prieš tiesą, kad būtume taikoje su kitais, tai visai ne dvasinis romumas. Tikrai romus žmogus ne tik priima kitus minkšta ir šilta širdimu, bet ir yra toks drąsus ir stiprus, kad gali atiduoti savo gyvybę už tiesą.

Toks žmogus užkariauja daugybės žmonių širdis ir atveda juos į išganymą ir dangiškuosius namus, nes jis yra mylintis ir romus. Todėl jis turi didžiulį dvarą danguje. Žemiau aprašytas dvaras priklauso tikrai romiam žmogui.

Į miestą panašus dvaras

Šio dvaro centre stovi didelė pilis, papuošta daugybe

brangakmenių ir auksu. Jos apvalus sardžio stogas spindi labai skaisčiai. Aplink žėrinčią pilį teka gyvybės vandens upė, ištekanti iš Dievo sosto, ir stovi daug pastatų kaip kokios nors valstybės sostinėje, taip pat įrengtas pramogų parkas papuoštas auksu ir brangakmeniais.

Vienoje didžiulio sklypo pusėje driekiasi miškai, lyguma ir didelis ežeras, kitoje pusėje didžiuliai kalnai su daugybe gėlių ir kriokliais. Tai pat ten yra jūra, kurioje plaukioja milžiniškas, panašus į „Titaniką" kruizinis laivas.

Dabar apžiūrėkime šį prabangų dvarą, turintį dvylika vartų iš keturių pusių, ir įeikime pro pagrindinius vartus, už kurių matosi pagrindinė pilis dvaro centre.

Du angelai saugo pagrindinius vartus, išpuoštus daugybe brangakmenių. Jie panašūs į vyrus ir atrodo labai stiprūs. Angelai stovi nemirkčiodami, ir dėl savo didybės atrodo labai neprieinami.

Abejose vartų pusėse stovi nuostabios didžiulės kolonos. Nesibaigiančios dvaro sienos papuoštos brangakmeniais ir gėlėmis. Įeinat angelai atidaro vartus, ir tolumoje pamatai didelę pilį raudonu stogu, žėrinčiu nuostabia šviesa.

Matant daugybę brangakmeniais papuoštų įvairaus dydžio namų, apima didžiulis dėkingumas mus mylinčiam Dievui, atlyginančiam tau trisdešimt, šešiasdešimt arba šimtą kartų daugiau už viską, ką padarei ir paaukojai. Tu jautiesi labai dėkingas už tai, kad Jis atidavė savo vienatinį Sūnų ir atvedė tave į išganymą ir amžinąjį gyvenimą. Ir dar Jis paruošė tau be galo gražius dangiškus namus. Dėkingumas ir džiaugsmas užlieja tavo širdį.

Neapsakoma ramybė ir laimė užlieja sielą, tiesiog neapsakomi jausmai, kai išgirsti nuo pilies sklindančią švelnią ir nuostabią

Dangus II

giesmę:

Mano sielos gelmėse šį vakarą
Skamba nuostabesnė už psalmę giesmė,
Dangiški muzikos garsai užlieja sielą
kaip begalinės ramybės versmė.
Ramybė! Ramybė! Nuostabi ramybė
Ateina iš Tėvo danguje!
Meldžiu, amžinai užvaldyk mano dvasią
Neaprėpiamos meilės bangoje.

Aukso gatvės, vaiskios kaip stiklas

Eikime prie didžiosios pilies aukso gatve. Įėjus pro pagrindinius vartus, aukso ir brangakmenių medžiai su apetitą keliančiais brangakmenių vaisiais sveikina svečius abejose gatvės pusėse. Paskui svečiai nusiskina vaisių. Jie tirpsta burnoje ir yra tokie skanūs, kad visą kūną užlieja energija ir džiaugsmas.

Abejose aukso gatvės pusėse įvairių spalvų ir dydžių gėlės sveikina svečius savo kvapais, už jų driekiasi aukso veja ir auga daug gražių medžių, puošiančių nuostabų sodą. Atrodo, kad nuostabios vaivorykštės spalvų gėlės šviečia, ir kiekviena gėlė skleidžia unikalų kvapą. Ant kai kurių gėlių tupi į drugelius panašūs vaivorykštės spalvų vabzdžiai ir šnekučiuojasi tarpusavyje. Daug apetitą keliančių vaisių kabo ant žėrinčių medžių šakų. Įvairiausi paukščiai aukso spalvos plunksnomis tupi medžiuose ir čiulba, skleisdami ramybę ir džiaugsmą. Toliau ramiai vaikštinėja žvėrys.

Debesų automobiliai ir aukso bolidas

Dabar stovime prie antrųjų vartų. Dvaras toks didelis, kad už pagrindinių vartų yra dar vieni vartai. Prieš mus atsiveria didžiulė aikštė, panaši į garažą, kuriame stovi daug debesų automobilių ir aukso bolidas – pribloškiantis vaizdas.

Vienvietis aukso bolidas, papuoštas dideliais briliantais ir kitais brangakmeniais, priklauso šio dvaro savininkui. Skriedamas jis šviečia kaip meteoras dėl daugybės žėrinčių brangakmenių ir yra daug greitesnis už debesų automobilius.

Debesų automobilis yra apsuptas balto debesies ir gražių įvairiaspalvių šviesų, jis turi keturis ratus ir sparnus. Žeme jis važiuoja ratais, o kai skrenda, ratai automatiškai įsitraukia ir išsiskleidžia sparnai, todėl puikiai važiuoja ir skrenda.

Tik pagalvokite, kokia nuostabi garbė būtų apkeliauti daugybę dangaus vietų su Viešpačiu debesų automobiliu su dangaus angelų eskortu? Kadangi debesų automobilis yra duodamas kiekvienam žmogui, kuris įeina į Naująją Jeruzalę, ar galite įsivaizduoti, kaip gausiai apdovanotas šio dvaro savininkas, jeigu jo garaže stovi daugybė debesų automobilių?

Didžioji pilis dvaro centre

Kai atvykstame į didžiąją nuostabią pilį debesų automobiliu, matome trijų aukštų pastatą sardžio stogu. Jis toks didžiulis, kad neįmanoma jo palyginti su jokiu statiniu šiame pasaulyje. Visa pilis lėtai sukasi, žėrėdama tokiomis skaisčiomis šviesomis, kad pilis atrodo kaip gyva. Grynas skaidrus auksas ir jaspis skaisčiai šviečia aukso spalva su melsvu atspalviu. Tačiau pilis nepermatoma ir atrodo kaip skulptūra be sąnarių. Pilies mūrų ir ant jų augančių gėlių kvapas kelia žodžiais neapsakomą laimę ir džiaugsmą. Įvairių dydžių gėlių žiedai sudaro puikų vaizdą, jų skirtingos formos ir kvapai tobulai dera.

Kodėl Dievas paruošė tokį nuostabų ir didžiulį dvarą milžiniškame žemės sklype? Todėl, kad Dievas niekada nepamiršta nieko, ką Jo vaikai padarė dėl Jo karalystės ir teisumo šioje žemėje ir gausiai juos apdovanoja.

Aš vėl ir vėl džiaugiuosi
savo mylimuoju.
Jis taip mane mylėjo,
kad viską man atidavė.
Jis mylėjo mane labiau
už savo tėvus ir brolius,
labiau už savo vaikus.
Jis laikė savo gyvybę beverte
ir atidavė ją už mane.

Jo akys visada žvelgė į mane.
Jis visada klausė mano žodžio.
Jis siekė tik mano garbės
ir tik dėkojo,
net nekaltai kentėdamas.
Net persekiojamas
jis su meile meldėsi
už savo skriaudėjus.
Jis niekada nieko neapleido,
net tų, kurie jį išdavė.

Jis atliko savo pareigą su džiaugsmu,
net kentėdamas nepakeliamus vargus,
išgelbėjo daug sielų,
visiškai įvykdė mano valią
ir gavo mano širdį.

Jis įvykdė mano valią
ir labai mylėjo mane,
todėl paruošiau jam
šį didžiulį prabangų dvarą
Naujojoje Jeruzalėje.

2. Didinga pilis su visišku privatumu

Kaip matote, Dievas ypatingai prisiliečia prie savo numylėtinių namų, kurie išsiskiria savo grožiu ir šlovės šviesa net iš kitų namų Naujojoje Jeruzalėje.

Didžioji pilis dvaro centre yra vieta, kur jos savininkas gali džiaugtis visišku privatumu. Tai kompensacija už jo darbus ir maldas su ašaromis, darbuojantis Dievo karalystei, dieną ir naktį prižiūrint ganomųjų sielas, aukojant savo asmeninį gyvenimą.

Pagrindinis pastatas stovi pilies centre, apsuptas dviejų sienų. Papildoma siena stovi per vidurį tarp išorinės sienos ir pagrindinio pastato. Pilis yra padalinta į vidinę ir išorinę, nuo pagrindinio pastato iki viduryje stovinčios sienos, ir nuo pastarosios iki išorinės sienos.

Eidami į pagrindinį šios pilies pastatą turime įeiti pro dvejus vartus – pagrindinius ir vidinės sienos. Išorinė siena turi daug vartų, ir pagrindiniai vartai yra priešais pagrindinio pastato fasadą. Pagrindiniai vartai papuošti įvairiais brangakmeniais, ir du angelai saugo juos. Angelai vyriškais veidais atrodo labai stiprūs. Jie nė nemirkteli, stovėdami sargyboje, ir nuo jų dvelkia kilnumu.

Abejose vartų pusėse stovi didelės kolonos. Sienos papuoštos brangakmeniais ir gėlėmis, jos tokios ilgos, kad galo nematyti. Vedami angelų įeiname pro automatiškai atsidarančius pagrindinius vartus, ir nuostabi šviesa užlieja mus. Skaidraus kaip krištolas aukso gatvė veda tiesiai prie vidinių vartų.

Eidami aukso gatve pasiekiame antruosius vartus. Šie vartai skiria vidinę pilį nuo išorinės. Už antrųjų vartų pamatome milžinišką automobilių stovėjimo aikštę su daugybe debesų automobilių, tarp jų stovi ir auksinis karo vežimas.

Pagrindinis šios pilies pastatas didesnis už bet kokį statinį šioje žemėje. Tai trijų aukštų pastatas. Visi pastato aukštai yra cilindro formos, ir antrojo aukšto plotas mažesnis už pirmojo, o trečiojo – už antrojo. Stogas – svogūno formos kupolas.

Pagrindinio pastato sienos pastatytos iš gryno aukso ir jaspio. Melsva ir vaiskaus aukso šviesos sukuria didingą šviesų harmoniją. Šviesa tokia stipri, kad atrodo, jog pastatas yra gyvas ir juda. Visas pastatas žėri skaisčia šviesa ir lėtai sukasi.

Įeikime į šią didingą pilį!

Dvylika vartų į pagrindinį pilies pastatą

Pagrindinis pastatas turi dvylika vartų. Pastatas labai didelis, todėl visi vartai yra toli vieni nuo kitų. Visi vartai yra arkos formos, ir ant kiekvienų iš jų išgraviruotas raktas. Po raktų graviūromis dangiškomis raidėmis užrašyti vartų pavadinimai iš vienos skirtingos rūšies brangakmenių ant kiekvienų vartų. Žemiau užrašyti visų pavadinimų paaiškinimai. Dievas Tėvas glaustai užrašė šio dvaro savininko darbus, atliktus šioje žemėje, ant dvylikos vartų.

Pirmieji vadinasi „Išgelbėjimo vartais." Paaiškinimas pasakoja, kaip šio dvaro savininkas tapo daugybės žmonių ganytoju, ir atvedė į išgelbėjimą begalę žmonių visame pasaulyje. Toliau stovi „Naujosios Jeruzalės" vartai ir po pavadinimu paaiškinta, kad pilies šeimininkas atvedė labai daug sielų į Naująją Jeruzalę.

Toliau šešeri „Galios vartai." Pirmieji ketveri yra keturių galios laipsnių vartai, toliau „Kūrimo galios vartai" ir „Aukščiausios kūrimo galios vartai." Paaiškinimai ant šių vartų kaip kiekvienos rūšies galia buvo išgydyti daugybė žmonių ir pagarbintas Dievas.

Devintieji yra „Apreiškimo vartai" su paaiškinimu, kad savininkas gavo didžiulį apreiškimą ir labai gerai paaiškino Bibliją. Dešimtieji – „Pasiekimų vartai." Jie primena dvaro šeimininko pasiekimus, pavyzdžiui, Didžiosios šventyklos pastatymą.

Vienuoliktieji – „Maldos vartai." Šie vartai pasakoja mums, kaip šis savininkas visu savo gyvenimu meldėsi, kad įvykdytų Dievo valią iš meilės Jam, kaip gedėjo dėl žūstančiųjų ir meldėsi už jų sielas.

Ir paskutinieji, dvyliktieji yra „Pergalės prieš velnią – mūsų priešą šėtoną, vartai." Ten paaiškinta, kad savininkas viską įveikė tikėjimu ir meile, kai velnias, mūsų priešas šėtonas, bandė jam pakenkti ir įstumti į neviltį.

Ypatingi užrašai ir piešiniai ant sienų

Gryno aukso ir jaspio sienos pilnos žėrinčių užrašų ir piešinių. Kiekviena detalė apie persekiojimus ir pašaipas, jo patirtus dėl Dievo karalystės, ir visi darbai, kuriais jis atnešė garbę Dievui, yra užrašyti. Dar nuostabiau tai, kad pats Dievas viską užrašė eiliuotai, ir visos raidės žėri nuostabia šviesa.

Kai įeini į pilį pro vienerius iš vartų, atsiveria dar daug kartų didesnis grožis. Brangakmenių šviesos mainosi kelis kartus ir džiugina begaliniu grožiu.

Savininko pralietų ašarų, elgesio ir pastangų šioje žemėje aprašymai išgraviruoti ant vidinių sienų spindi skaisčiomis šviesomis. Maldos ištisomis naktimis už Dievo karalystę ir savęs atidavimas sieloms geriamąja auka sudėtos į poemą ir spindi nuostabiomis šviesomis.

Tačiau Dievas Tėvas paslėpė daugumą užrašų, kad pats parodytų juos savininkui, kai atvyks į jo namus, kad priimtų jo širdį, šlovinančią Tėvą giliais jausmais ir ašaromis, kai Dievas parodys jam šiuos užrašus ir pasakys: „Aš visa tai paruošiau tau."

Net kai šiame pasaulyje žmonės ką nors myli, kartais dažnai rašo mylimojo vardą ant lapelio, dienoraštyje ar ant smėlio paplūdimyje arba net išraižo ant medžio kamieno ar iškala ant uolos. Jie nežino, kaip išreikšti savo meilę, todėl rašo mylimo žmogaus vardą.

Šio nuostabaus dvaro savininko namuose yra auksinė plokštė

su trim žodžiais: „Tėvas", „Viešpats" ir „Aš." Dvaro savininkas negalėjo tik žodžiais išreikšti savo meilės Tėvui ir Viešpačiui. Tai parodo jo širdį.

Susitikimai ir puotos pirmame aukšte

Ši pilis paprastai būna uždaryta kitiems, ir atveriama tik tada, kai joje rengiami pokyliai arba puotos. Joje yra labai didelė salė, ir galybė žmonių gali atvykti į puotą. Ji naudojama ir susitikimams, kuriuose dvaro šeimininkas dalinasi savo meile ir džiaugsmu, šnekučiuodamasis su svečiais.

Ši salė apvali ir tokia didelė, kad nuo vienos jos krašto nesimato kito. Grindys balsvos ir labai lygios. Jos inkrustuotos daugybe brangakmenių ir skaisčiai žėri. Viduryje kabantis trijų aukštų sietynas labai puošia salę, kaip ir daug įvairaus dydžio auksinių šviestuvų ant sienų. Salės centre stovi apvali pakyla, o aplink ją pristatyta daug stalų eilių. Pakviestieji gali atsisėsti prie jų ir draugiškai pasikalbėti.

Visi papuošimai pastato viduje atitinka dvaro savininko skonį, jų švytėjimas ir formos yra labai gražūs ir subtilūs. Kiekvienas brangakmenis yra Dievo palytėtas, ir būti šio dvaro savininko pakviestam į puotą yra didžiulė garbė.

Paslapčių ir priėmimo kambariai antrame aukšte

Antrajame šios didelės pilies aukšte yra daug kambarių ir kiekvienas kambarys turi paslaptį, kuri bus visiškai atskleista tik danguje, kai Dievas atlygins savo vaikams pagal jų darbus. Viename kambaryje yra nesuskaičiuojama daugybė įvairiausių karūnų kaip kokiame nors muziejuje: aukso karūna, paauksuota karūna, krištolinė, paauksuota, gėlėmis papuošta ir daugybė kitų karūnų, inkrustuotų įvairiausiais brangakmeniais. Šios karūnos skiriamos dvaro savininkui kiekvieną kartą, kai jis šioje žemėje pasitarnauja Dievo karalystei ir atneša Jam garbę, ir karūnų dydžiai, formos, medžiagos ir papuošimai yra skirtingi, rodantys nevienodą garbę. Taip pat yra didelių kambarių rūbams laikyti ir brangakmenių ornamentams saugoti. Angelai rūpestingai juos prižiūri.

Ten yra dar vienas jaukus kvadratinis išpuoštas kambarys, pavadintas „Maldos kambariu." Jis dovanotas už tai, kad šio dvaro savininkas daug meldėsi šiame pasaulyje. Dar yra kambarys su keliais televizoriais, pavadintas „Agonijos ir raudojimo kambariu", kuriame savininkas gali peržiūrėti visus savo žemiškojo gyvenimo įvykius kada tik panorėjęs. Dievas išsaugojo kiekvieną dvaro šeimininko gyvenimo akimirką, nes jis be galo daug iškentėjo, atlikdamas Dievo darbą ir tarnystę, praliejo daug ašarų už žmonių sielas.

Taip antrajame aukšte yra nuostabiai išpuoštas kambarys pranašų priėmimui, kuriame savininkas dalinasi su jais savo meile ir draugiškai šnekučiuojasi. Čia jis gali su Eliju, pakilusiu į dangų karo vežinu su ugnies žirgais; Henochu, ėjusiu su Dievu 300 metų; Abraomu, įtikusiu Dievui tikėjimu; Moze, nuolankiausiu žmogumi žemėje; aistringuoju apaštalu Pauliumi ir visais kitais kalbėtis apie jų gyvenimą žemėje ir jo aplinkybes.

Trečiasis aukštas skirtas dalintis meile su Viešpačiu

Trečiasis didžiosios pilies aukštas nuostabiai išpuoštas Viešpaties priėmimui ir maloniems ir ilgiems pokalbiams su

Juo. Ši dovana suteikta dvaro savininkui todėl, kad jis mylėjo Viešpatį labiau už viską ir stengėsi daryti panašius į Jo darbus, skaitydamas keturias Evangelijas ir su meile tarnaudamas visiems, kaip Viešpats tarnavo savo mokiniams. Melsdamasis jis išliejo daug ašarų, kad atvestų gausybę sielų į išgelbėjimo kelią su Dievo jėga kaip Viešpats, ir parodė nesuskaičiuojamą daugybę gyvojo Dievo darbų. Jis apsipildavo ašaromis, kai tik pagalvodavo apie Viešpatį, ir daug naktų negalėjo miegoti, nes karštai ilgėjosi Viešpaties. Taip pat kaip Viešpats, kuris melsdavosi visą naktį, dvaro savininkas daugybę kartų meldėsi ištisas naktis ir darė viską, kad kurtų Dievo karalystę.

Begalinis džiaugsmas ir beribė laimė apima jį, susitinkant akis į akį su Viešpačiu ir dalinantis savo meile su Juo Naujojoje Jeruzalėje!

Aš matau savo Viešpatį!
Jo akių šviesa plūsta į mano akis,
Jo švelni šypsena gyvena mano širdyje,
ir aš be galo džiaugiuosi.

Mano Viešpatie,
kaip aš myliu Tave!
Tu viską matei
ir viską žinai.
Dabar džiaugiuosi be galo,
išpažindamas savo meilę.
Aš myliu Tave, Viešpatie.
Aš Tavęs labai pasiilgau.

Pokalbiai su Viešpačių niekada nenusibos ir neišvargins.

Dievas Tėvas, priėmęs šią meilę, nuostabiai papuošė šios didingos pilies interjerą ornamentais ir puikiais brangakmeniais. Neįmanoma apsakyti visų įmantrybių, prabangos ir ypatingo apšvietimo. Vien pažvelgęs į namus danguje, pajunti apdovanojančio tave pagal darbus Dievo teisingumą ir subtilią meilę.

3. Dangaus įžymybės

Ką dar galima pamatyti kieme, supančiame didžiąją pilį? Jei papasakočiau viską apie šį į miestą panašų dvarą, būtų galima parašyti ne vieną knygą. Didelis pilį supantis sodas ir įvairūs puošnūs pastatai sukelia idealios harmonijos įspūdį. Plaukymo baseinas, pramogų parkas, kotedžai ir operos teatras – toks dvaras šiame pasaulyje būtų turistų svajonių vieta.

Dievas atlygina visiems pagal darbus

Savininkas turi tokį neapsakomai puikų dvarą todėl, kad šioje žemėje visiškai pašventė savo kūną, protą, laiką ir pinigus Dievui. Dievas atlygino už viską, ką šis žmogus padarė dėl Dievo karalystės, įskaitant nesuskaičiuojamos daugybės sielų atvedimą į išganymo kelią ir Dievo bažnyčios statymą. Dievas duoda mums ne tik tai, ko Jo prašome, bet ir tai, ko trokšta mūsų širdys. Dievas kuria tobuliau ir gražiau negu geriausias architektas ar miestų planuotojas šiame pasaulyje, Jis tuo pat metu atskleidžia ir vienybę, ir įvairovę.

„Aš mačiau šventąjį miestą, Naująją Jeruzalę"

Šiame pasaulyje galime įsigyti beveik viską, ko norime, jei turime pakankami pinigų, tačiau danguje viskas kitaip. Namai, drabužiai, brangakmeniai, karūnos ir tarnaujantys angelai čia neparduodami ir nenuomojami, bet dovanoji tik pagal kiekvieno žmogaus tikėjimo saiką ir ištikimybę Dievo karalystei. Laiškas hebrajams 8, 5 sako: *„Tie žmonės tarnauja dangiškųjų dalykų paveikslui ir šešėliui, panašiai kaip buvo pamokytas Mozė, kai rengėsi statyti padangtę."* Šis pasaulis yra dangaus šešėlis, ir dauguma gyvūnų, augalų bei visa kita yra ir danguje. Jie visi daug gražesni negu žemėje.

Dabar apžiūrėkime sodą pilną įvairiausių gėlių ir augalų.

Garbinimo vietos ir Didžioji šventykla

Didžiulis nepaprastai gražu vidinis kiemas prie centrinio pilies įėjimo pilnas įvairių medžių ir gėlių. Abiejose pilies pusėse įrengtos didelės garbinimo vietos, kuriuose žmonės susirenka šlovinti ir garbinti Dievą. Šis dangiškas dvaras yra neįsivaizduojamo dydžio, čia panašiai kaip įžymiausiuose pasaulio miestuose tiek daug visko yra, kad žmonėms reikia daug laiko dvarui apžiūrėti, todėl ir įrengtos garbinimo vietos, kur svečiai gali pailsėti.

Garbinimas danguje visiškai skiriasi mūsų įprasto garbinimo šiame pasaulyje. Danguje mūsų neriboja tradicijos, mes galime šlovinti Dievą naujomis giesmėmis. Giedodami apie Tėvo garbę ir Viešpaties meilę, mes atsigaivinsime, nes būsime pripildyti Šventosios Dvasios pilnatvės. Jausmai mūsų širdyse taps gilesni, mes būsime pilni dėkingumo ir džiaugsmo.

Be šių šventyklų pilies kieme yra lygiai toks pat pastatas kaip viena šventykla, buvusi šioje žemėje. Gyvendamas žemėje pilies savininkas buvo gavęs Dievo Tėvo užduotį pastatyti milžinišką Didžiąją šventyklą, ir lygiai tokia pat šventykla yra pastatyta Naujojoje Jeruzalėje.

Panašiai kaip Dovydas Senajame Testamente, šios pilies šeimininkas ilgėjosi Dievo šventyklos. Pasaulyje yra daug pastatų, bet nėra nė vieno, rodančio Dievo kilnumą ir garbę. Jis visada dėl to apgailestavo.

Jis turėjo karštą troškimą pastatyti šventyklą, skirtą tik Dievui Kūrėjui. Dievas Tėvas atsiliepė į jo širdies troškimą ir detaliai apreiškė jam būsimos šventyklos formą, dydį, papuošimus ir net interjero struktūras. Žmogaus protui tai buvo neįmanoma, bet jis vadovavosi tik tikėjimu, viltimi ir meile, todėl pagaliau Didžioji šventykla buvo pastatyta.

Didžioji šventykla nėra tik milžiniškas ir didingas pastatas. Tai tikrai mylinčių Dievą tikinčiųjų ašarų energijos kristaloidas. Šios šventyklos pastatymui reikėjo panaudoti šio pasaulio turtus ir palenkti tautų karalių širdis. Tam reikėjo galingų Dievo darbų, pranokstančių žmogaus vaizduotę.

Šios pilies savininkas turėjo laimėti sunkias dvasines kovas, kad gautų tokią galią. Jis tikėjo į Dievą, kuris neįmanomus dalykus padaro įmanomais tik gerumu, meile ir paklusnumu. Jis be perstojo meldėsi ir pagaliau pastatė Didžiąją šventyklą, kurią Dievas priėmė su džiaugsmu.

Dievas Tėvas, žinodamas visus šiuos faktus, pastatė Didžiosios šventyklos kopiją šio žmogaus pilyje. Žinoma, Didžioji šventykla danguje pastatyta iš aukso ir brangakmenių, nepalyginamai puikesnių už bet kokias medžiagas šiame pasaulyje, bet pagal tą patį projektą.

Koncertų rūmai panašūs į Sidnėjaus operos teatrą

Šioje pilyje yra koncertų rūmai panašūs į Sidnėjaus operos teatrą Australijoje. Dievas Tėvas turėjo priežastį pastatyti tokius koncertų rūmus šioje pilyje. Gyvendamas žemėje šios pilies savininkas subūrė daug atlikėjų kolektyvų, suprasdamas, kad Dievo širdis džiaugiasi šlovinimu, ir atnešė Dievui Tėvui daug garbės nuostabiais krikščioniško meno atlikėjų pasirodymais.

Tai buvo ne tik dekoracijos, meistriškumas ir technika. Jis dvasiškai vadovavo atlikėjams, kad jie šlovintų Dievą su tikra meile, kylančia iš jų širdžių gelmių. Jis išaugino daug atlikėjų, kurie šlovino Dievą ypatingu Jam patinkančiu būdu. Dievas Tėvas pastatė nuostabius koncertų rūmus, kad šie atlikėjai parodytų savo meistriškumą šioje pilyje, kaip geidžia jų širdis.

Didžiulis ežeras tyvuliuoja priešai šį pastatą, ir atrodo, kad koncertų rūmai plūduriuoja vandenyje. Iš ežero trykšta fontanai, ir jų vandens purslai žėri kaip brangakmeniai. Prabangi koncertų rūmų scena papuošta įvairiais brangakmeniais, jų salėje daugybė vietų laukia žiūrovų. Čia pasirodys angelai nuostabiais kostiumais.

Kai šie angelai šoks, jų kostiumai švies skaidriomis brangakmenių spalvomis kaip laumžirgių sparnai. Kiekvienas jų judesys tobulas ir be galo gražus. Kiti angelai giedos ir gros muzikos instrumentais nuostabias ir malonias melodijas, rodydami neįtikėtiną meistriškumą ir techniką.

Nors angelai yra nepaprasti virtuozai, visai kitoks aromatas sklinda, kai Dievo vaikai šlovina Viešpatį ir šoka. Dievo vaikai turi gilią meilę ir dėkingumą Dievui savo širdyse. Žmogaus širdis, išugdyta šioje žemėje ir tapusi panaši į Viešpaties širdį, skleidžia tokį aromatą, kuris sujaudina net Dievą Tėvą.

Dievo vaikai, ėję Dievo šlovintųjų pareigas žemėje, turės daugybę galimybių šlovinti Dievą ir danguje. Jei šlovinimo vadovas įeis į Naująją Jeruzalę, jis galės pasirodyti panašiuose į operos teatrą koncertų rūmuose. Šioje vietoje vykstantys muzikos ir šokių atlikėjų koncertai kartais tiesiogiai transliuojami į visas dangaus karalystės buveines, todėl bent kartą pasirodyti šioje scenoje yra didžiulė garbė.

Vaivorykštės spalvų debesų tiltas

Gyvybės vandens upė žėrinti sidabrine šviesa teka ratu aplink pilį. Ji išteka iš Dievo sosto ir teka aplink Viešpaties ir Šventosios Dvasios pilis, Naująją Jeruzalę, Trečiąją, Antrąją bei Pirmąją dangaus karalystes, Rojų ir sugrįžta prie Dievo sosto.

Žmonės šnekučiuojasi su įvairiausių spalvų žuvimis, sėdėdami ant aukso ir sidabro smėlio abejose Gyvybės upės pakrantėse. Auksiniai suolai stovi abejose upės pusėse, apsupti gyvybės medžių. Jei sėdėdamas ant auksinio suolo ir matydamas patrauklius vaisius pagalvoji: „Šie vaisiai atrodo labai skanūs", tarnaujantys angelai atneša vaisių gėlių krepšyje ir mandagiai jį įteikia.

Nuostabūs arkos formos debesų tiltai kerta Gyvybės vandens upę. Eidamas vaivorykštės spalvų debesų tiltu ir žiūrėdamas į apačioje lėtai tekančią upę jautiesi lyg skristum dangumi ar eitum vandeniu.

Kai pereini į kitą Gyvybės vandens upės pusę, patenki į kitą išorinį kiemą su daugybe įvairių gėlių ir auksine veja, ir čia jautiesi kitaip negu vidiniame kieme.

Pramogų parkas ir gėlių kelias

Perėjęs debesų tiltą patekti į pramogų parką su daugybe neregėtų, negirdėtų ir neįsivaizduojamų atrakcionų; net geriausi pramogų parkai šiame pasaulyje, pavyzdžiui, „Disneilendas" negali lygintis su šiuo pramogų parku. Krištoliniai traukiniai važinėja aplink parką, piratų laivas su auksu ir brangakmeniais plaukioja pirmyn ir atgal, karuselėse skamba linksmos melodijos, didžiuliai amerikietiški kalneliai džiugina aštrių pojūčių mėgėjus. Kai šie brangakmeniais papuošti atrakcionai juda, jie skleidžia įvairiausias šviesas, ir būnant čia, apima šventinė nuotaika.

Kitoje kiemo pusėje driekiasi nesibaigiantis gėlių kelias, jis grįstas gėlėmis ir eidamas juo eini per gėles. Dangiškas kūnas toks lengvas, kad visai nejauti svorio ir nesumindai gėlių, eidamas jomis. Kai eini plačiu gėlių keliu, uosdama švelnius gėlių kvapus, jos suglaudžia žiedlapius lyg susidrovėję ir paskui bangomis juos išskleidžia. Tai specialus pasveikinimas. Pasakose gėlės turi veidus ir kalbasi tarpusavyje, tas pats ir danguje.

Ėjimas gėlėmis ir jų kvapai labai pakelia nuotaiką, gėlės jaučiasi laimingos ir dėkoja už tai, kad eini jomis. Kai jas užmini, jos paskleidžia dar daugiau kvapų. Kiekvienos gėlės kvapas kitoks, ir skirtingai kvapai maišosi skirtingai kiekvieną kartą, kai kas nors eina gėlėmis. Gėlių keliai driekiasi čia kaip nuostabūs tapybos kūriniai, pridedantys grožio šiam dangiškajam dvarui. Šis milžiniškas vieno žmogaus dvaras atrodo begalinis ir turi visokiausių pastatų.

Dangus II

Didžiulė lyguma, kurioje taikiai žaidžia žvėrys

Už gėlių kelio atsiveria didžiulė plati lyguma su žvėrimis, kuriuos galima sutikti ir šioje žemėje. Žinoma, ten tam tikrų rūšių žvėrys gyvena tiki tam tikrose vietose, bet čia yra beveik visos gyvūnų rūšys, išskyrus tuos, kurie sukilo prieš Dievą, pavyzdžiui, drakonai. Prieš akis atsiveria į Afrikos savaną panašus peizažas, ir šie žvėrys neišeina iš savo zonų, nors ten nėra tvorų, ir jie laisvai išdykauja. Jie didesni už žvėris šiame pasaulyje, jų spalvos ryškesnės ir daug skaistesnės. Džiunglių įstatymas čia negalioja.

Visi žvėrys čia švelnūs; net žvėrių karaliais vadinami liūtai labai švelnūs, ir jų aukso karčiai labai mieli. taip pat danguje galima pasikalbėti su žvėrimis. Tik įsivaizduokite, kokį džiaugsmą teikia gamtos grožis, jodinėjant liūtais ar drambliais po bekraštę lygumą. Tai būna ne tik pasakose, ši garbė suteikiama išgelbėtiems žmonėms, patekusiems į dangų.

Privatus kotedžas ir auksinis krėslas poilsiui

Kadangi šio žmogaus dvaras pritraukia daugybę lankytojų, Dievas padovanojo jam kotedžą privačiam naudojimui. jis pastatytas ant nedidelės kalvos su puikiu reginiu ir yra gražiai papuoštas. Ne bet kas gali įeiti į šį kotedžą, nes jis skirtas privačiam naudojimui. Savininkas ilsisi čia vienas arba priima jame pranašus, pavyzdžiui, Eliją, Henochą, Abraomą ar Mozę.

Ten yra dar vienas kotedžas, pastatytas iš krištolo, ir skirtingai nuo kitų pastatų yra skaidrus ir visiškai permatomas. Tačiau vidus iš išorės yra nematomas, ir įėjimas į jį yra draudžiamas. Ant krištolinio kotedžo stogo stovi besisukantis auksinis krėslas. kai savininkas sėdi jame, jis mato visą dvarą, neribojamas laiko ir erdvės. Dievas padarė jį specialiai dvaro savininkui, kad jis galėtų džiaugtis, matydamas, kiek žmonių lankosi jo dvare, arba tiesiog pailsėtų.

Prisiminimų kalnas ir apmąstymų kelias

Apmąstymų kelias su abejose pusėse augančiais gyvybės medžiais yra toks ramus, kad atrodo, jog laikas čia sustojo. Kai savininkas žengia žingsnį šiuo keliu, ramybė kyla iš jo širdies gelmių, ir jis prisimena įvykius šioje žemėje. Jeigu jis galvoja apie saulę, mėnulį ir žvaigždes, panašus į ekraną skritulys atsiranda virš jo galvos, ir jame pasirodo saulė, mėnulis ir žvaigždės. Danguje nereikia saulės, mėnulio ir žvaigždžių šviesos, nes jis visas skendi Dievo garbės šviesoje, bet šis skritulys duotas jam prisiminti įvykius žemėje.

Taip pat ten yra prisiminimų kalnas, ant kurio stovi didelis kaimas. Čia dvaro savininkas gali peržiūrėti savo gyvenimą žemėje, čia surinktos visos svarbios jo vietos. Namas, kuriame jis gimė; mokyklos, kuriose jis mokėsi; miestai ir miesteliai, kuriuose jis gyveno; vietos, kuriose jis patyrė išbandymus; vieta, kur jis pirmą kartą susitiko Dievą, ir šventyklos, kurias jis pastatė, tapęs dvasininku – viskas išdėstyta chronologine tvarka.

Žinoma, medžiagos čia visai kitokios negu žemėje, visos vietos ir pastatai atrodo visiškai taip pat kaip žemėje, kad žmonės gyvai prisimintų savo žemiško gyvenimo akimirkas. Kokio nuostabi, švelni ir subtili Dievo meilė!

Krioklys ir jūra su salomis

Eidamas toliau apmąstymų keliu tolumoje aiškiai išgirsti garsų šniokštimą. Šis garsas atsklinda nuo krioklio, žėrinčio įvairiomis spalvomis. Krioklio purslams kylant aukštyn, nuostabūs brangakmeniai krioklio dugne švyti skaisčiomis šviesomis. Tai nepaprastai didingas reginys: didžiulis vandens srautas trimis pakopomis krenta į Gyvybės vandens upę. Brangakmeniai žėri dvejopomis arba trejopomis šviesomis abiejose krioklio pusėse, jų šviesos vandens purslose reginys gniaužia kvapą. Jautiesi pailsėjęs ir pripildytas energijos vien pažvelgęs į jį.

Krioklio viršuje įrengtas paviljonas, kuriame žmonės gali pasigėrėti reginiu arba pailsėti. Iš čia matosi visas dangiškasis dvaras, ir jo vaizdas yra toks didingas ir nuostabus, kad jo neįmanoma deramai apsakyti žemiškais žodžiais.

Už pilies yra didelė jūra su įvairių dydžių salomis. Švarus ir tyras jūros vanduo žėri lyg brangakmeniais pabarstytas. Labai gražu pažiūrėti į skaidriame vandenyje plaukiojančias žuvis, ir mūsų nuostabai, nuostabūs žalsvos nefrito spalvos namai stovi po vandeniu. Šiame pasaulyje net pats turtingiausias žmogus neturi namo jūros dugne.

Tačiau dangus yra keturių išmatavimų pasaulis, kuriame viskas įmanoma, todėl jame yra daugybė dalykų, kurių mes negalime suprasti ir įsivaizduoti.

Gigantiškas, į „Titaniką" panašus kruizinis, krištolinis ir povandenis laivai

Salos jūroje yra turtingos laukinėmis gėlėmis, giedančiais

paukščiais ir brangakmeniais, pridedančiais grožio nuostabiems gamtos vaizdams. Čia rengiamos kanojų irklavimo ir banglenčių varžybos pritraukia daug dangaus piliečių. Švelniai banguojančioje jūroje plaukioja panašus į „Titaniką" laivas, jame įrengti plaukymo baseinai, teatrai ir pokylių salės. Krištoliniame laive jautiesi lyg vaikščiotum jūra, o regbio kamuolio formos povandeniame laive galima kiek širdis geidžia gerėtis povandeniniu pasauliu.

Koks džiaugsmas būtų paplaukioti į „Titaniką" panašiu kruiziniu, krištoliniu ar regbio kamuolio formos povandeniniu laivais šioje nuostabioje vietoje ir praleisti čia nors vieną dieną! Tačiau dangus yra amžina vieta, visais šiais nuostabiais dalykais amžinai gali džiaugtis tik tie, kurių išugdytos širdys suteikia jiems teisę įeiti į Naująją Jeruzalę.

Daug sporto ir poilsio objektų

Ten taip pat yra daug sporto ir poilsio objektų: golfo aikštynų, kėglių takų, plaukymo baseinų, teniso kortų, tinklinio bei krepšinio aikštelių ir taip toliau. Dievas dovanojo visa tai šio dvaro savininkui, nes jis žemėje neturėjo laiko sportui ir visą savo gyvenimą praleido, statydamas Dievo karalystę.

Kėglių take, padarytame iš aukso brangakmenių, kamuolys ir kėgliai yra padaryti iš aukso ir brangakmenių. Žmonės žaidžia grupėmis po tris ir penkis, jie maloniai leidžia laiką, sveikindami vienas kitą. Kamuolys visai nesunkus, skirtingai nuo žemiškųjų, todėl jis greitai rieda taku, net švelniai jį pastūmėjus. Kai jis numuša kėglius, pasipila skaisčios šviesos ir pasigirsta malonus skambus garsas.

Golfo aikštyne, įrengtame ant auksinės vejos, pievelė

automatiškai gulasi, riedant golfo kamuoliukui. kai pievelė gulasi kaip domino kauliukai, ji atrodo kaip auksinė banga. Naujojoje Jeruzalėje net pievelė paklūsta šeimininko širdžiai. Be to, po pirmojo smūgio nedidelis debesis nusileidžia prie dvaro savininko kojų ir nuneša jį prie kito smūgio vietos. Tai be galo nuostabu ir smagu!

Taip pat žmonėms labai smagu plaukymo baseine. Danguje niekas nenuskęsta, todėl net nemokėjusieji plaukti šioje žemėje, čia savaime gerai plaukia. Dar daugiau, vanduo nesušlapina drabužių, bet nubėga kaip rasa nuo augalų lapų. Žmonės gali maudytis bet kada, nes jie maudosi apsirengę.

Įvairių dydžių ežerai ir fontanai soduose

Daug įvairaus dydžio ežerų tyvuliuoja šiame didžiuliame dangaus dvare. Kai įvairiaspalvės žuvys ežeruose mojuoja pelekais, lyg šokdamos Dievo vaikams, atrodo, kad jos garsiai kalba apie savo meilę. Taip pat šios žuvys keičia savo spalvas. Žuvis, mojuojanti sidabro spalvos pelekais, gali netikėtai suteikti jiems perlo spalvą.

Ten yra daug sodų ir kiekvienas jų turi skirtingą pavadinimą pagal savo unikalias ypatybes ir grožį. Šis grožis yra neapsakomas, nes Dievo ranka palietė kiekvieną augalų lapelį.

Fontanai taip pat skirtingi kiekviename sode. Paprastai iš fontanų trykšta vanduo, bet čia iš jų trykšta gražios spalvos arba kvapai. Čia daug naujų nuostabių kvapų, kurių nėra žemėje, pavyzdžiui, iš perlų sklindantis ištvermės kvapas, pastangų ir aistros kvapas iš sardžio, pasiaukojimo, ištikimybės kvapai ir daug daug kitų. Fontanų papėdes puošia užrašai ir piešiniai,

paaiškinantys kiekvieno fontano reikšmę ir jo įrengimo tikslą.
Be to, į pilį panašiame pastate yra daug kitų pastatų ir ypatingų vietų, bet gaila, kad jų neįmanoma detaliai nupasakoti. Svarbu tai, kad nieko nėra be priežasties, nes kiekvienam atlyginama pagal tai, kiek jis padarė Dievo karalystei ir Jo teisybei šioje žemėje.

Gausus atlygis danguje

Dabar turbūt jau supratote, kad šis dangiškasis dvaras daug didesnis ir šlovingesnis, negu įmanoma įsivaizduoti. Didžioji pilis, užtikrinanti visišką privatumą, pastatyta centre, ir ją supa daug kitų pastatų ir objektų su dideliais sodais; šis dvaras yra dangaus turizmo rojus. Turbūt esate apstulbę, kad šis neįsivaizduojamo dydžio dvaras yra Dievo paruoštas vienam žmogui, leidusiam Viešpačiui išugdyti jo širdį šioje žemėje.

Kodėl Dievas paruošė didžiulį kaip miestas dangišką dvarą? Pažvelkime į Evangeliją pagal Matą 5, 11-12:

> *Palaiminti jūs, kai dėl manęs esate niekinami ir persekiojami bei meluojant visaip šmeižiami. Būkite linksmi ir džiūgaukite, nes jūsų laukia gausus atlygis danguje. Juk lygiai taip kadaise buvo persekiojami ir pranašai.*

Kiek iškentėjo apaštalas Paulius, tarnaudamas Dievo karalystei? Jis ištvėrė neapsakomus sunkumus ir persekiojimus, skelbdamas Gelbėtoją Jėzų pagonims. Apaštalas Paulis mini savo triūsą Dievo karalystei Antrame laiške korintiečiams, vienuoliktame skyriuje nuo dvidešimt trečiosios eilutės. Paulius buvo įkalintas, mušamas, jo gyvybei daug kartų grėsė pavojus, kai jis skelbė Evangeliją.

Tačiau Paulius niekada nesiskundė ir nesipiktino, bet džiaugėsi ir buvo patenkintas, nes vadovavosi Dievo Žodžiu. Pasaulinės misijos pagonims durys buvo atvertos per apaštalą Paulių. Todėl jis įžengė į Naująją Jeruzalę ir paveldėjo garbę, kuri šviečia kaip saulė Naujosios Jeruzalės mieste.

Dievas labai myli tuos, kurie dirba iš visų jėgų, net paaukoja savo gyvybę, ir palaimina bei gausiai apdovanoja juos danguje.

Naujosios Jeruzalės miestas yra skirtas ne kokiems nors konkretiems asmenims, bet visiems, kurie leidžia Dievui pašventinti savo širdis, padaryti jas panašias į Jo širdį ir ištikimai vykdo savo pareigas.

Aš Viešpaties Jėzaus Kristaus vardu meldžiu jums širdies panašios į Dievo širdį, įgyjamos per karštas maldas ir Dievo Žodį ir iki galo atliktas savo pareigas, kad jūs įeitumėte į Naująją Jeruzalę ir su ašaromis akyse ištartumėte Jam: „Aš toks dėkingas už didžiąją Tėvo meilę."

9 skyrius

Pirmoji puota Naujojoje Jeruzalėje

1. Pirmoji puota Naujojoje Jeruzalėje
2. Pranašai dangaus garbingiausiųjų grupėje
3. Nuostabios moterys Dievo akyse
4. Marija Magdalietė gyvena prie Dievo sosto

„Todėl, kas pažeistų bent vieną iš mažiausių paliepimų ir taip elgtis mokytų žmones, tas bus vadinamas mažiausiu dangaus karalystėje. O kas juos vykdys ir jų mokys, bus vadinamas didžiu dangaus karalystėje."

- Evangelija pagal Matą 5, 19 -

Šventajame Naujosios Jeruzalės mieste stovi Dievo sostas ir amžinai gyvena nesuskaičiuojama daugybė žmonių, leidusių Išganytojui išugdyti jų širdis ir padaryti jas tyras kaip krištolas. Gyvenimas Naujoje Jeruzalėje su Dievu Trejybe yra kupinas meilės, kilnių jausmų, laimės ir džiaugsmo. Žmonės džiaugiasi nesibaigiančia laime, dalyvaudami šlovinimo susirinkimuose bei puotose ir su meile kalbėdamiesi vienas su kitu.

Kai Naujoje Jeruzalėje ateini į Dievo Tėvo iškeltą puotą, gėriesi nuostabiais šokiais, muzika bei giesmėmis ir daliniesi meile su nesuskaičiuojama daugybe žmonių iš skirtingų dangaus buveinių.

Dievas Trejybė, baigęs ilgai trukusį žmonių širdžių ugdymą, džiaugiasi ir jaučiasi laimingas, žiūrėdamas į savo mylimus vaikus.

Meilės Dievas detaliai apreiškė man pilną neapsakomų jausmų gyvenimą Naujojoje Jeruzalėje. Aš galėjau įveikti blogį gerumu ir mylėti savo priešus, kai kentėjau be priežasties, tik todėl, kad mano širdis buvo kupina Naujosios Jeruzalės vilties.

Dabar iš pirmosios puotos Naujojoje Jeruzalėje aprašymo sužinosime, kokia palaima yra turėti panašią į Dievo širdį, tyrą ir skaidrią kaip krištolas.

1. Pirmoji puota Naujojoje Jeruzalėje

Kaip ir žemėje, danguje rengiamos puotos, ir per jas mes labai gerai suprantame dangiškojo gyvenimo džiaugsmą, nes dalyvavimas puotose yra didžiulė garbė, jose mes matome

Dangus II

dangaus turtus bei grožį ir džiaugiamės jais. Žmonės šioje žemėje pasipuošia gražiausiais rūbais ir valgo geriausius valgius bei geria tauriausius gėrimus šalies prezidento iškeltame pokylyje. Dangaus puota bus kupina nuostabių šokių, giesmių ir laimės.

Nuostabi giesmė pokylių salėje

Naujosios Jeruzalės puotos menė yra milžiniška ir didinga. Įėjęs į menę nematai kito jos galo, o nuostabi dangaus muzika dar sustiprina širdį užliejusius jausmus.

Nuostabi Jo šviesa,
ji buvo prieš laiko pradžią.
Jis viską apšviečia
šia pirmąja šviesa.
Jis dovanojo gyvybę savo sūnums
ir sukūrė angelus.

Jo garbė yra aukštesnė
už dangų ir žemę,
ji didinga.
Nuostabi Jo malonė,
Jis vienas ją parodė.
Jis atvėrė savo širdį
ir sukūrė pasaulį.
Šlovinkite jo meilę lūpomis.
Girkite Viešpatį,
Jis priima gyrių ir džiaugiasi.
Aukštinkite Jo šventą vardą

ir girkite Jį amžinai.
Jo šviesa nuostabi
ir gyriaus verta.

Skaidrūs ir švelnūs muzikos garsai užlieja dvasią, suteikia tokį džiaugsmą ir tokią ramybę, kad pasijunti kaip kūdikis prie motinos krūtinės.

Didieji balto brangakmenio spalvos vartai į puotos menę yra papuošti nuostabiai gražiais dangiškų daugybės formų ir spalvų gėlių raštais. Dievas Tėvas savo subtilia meile viską paruošė iki pat smulkiausios dalelytės savo vaikams kiekviename Naujosios Jeruzalės miesto kampelyje.

Įėjimas pro balto brangakmenio spalvos vartus

Nesuskaičiuojama daugybė žmonių paeiliui eina pro didžiuosius vartus į puotos menę, pirmieji įeina Naujosios Jeruzalės gyventojai. Jų aukso karūnos aukštesnės už kitų buveinių gyventojų ir žėri švelnia gražia šviesa. Žmonės apsirengę baltais drabužiais iš vieno audeklo gabalo, skaisčiais švytinčiais nuostabia šviesa. Jų banguojantis audeklas lengvas ir švelnus kaip šilkas.

Drabužių, papuoštų auksu ir daugybe brangakmenių, apykaklės ir rankogaliai išsiuvinėti brangakmeniais, jų raštai ir rūšys skirtingi, jie atitinka kiekvieno nuopelnus. Naujosios Jeruzalės gyventojų grožis ir garbė išsiskiria iš visų kitų dangaus buveinių gyventojų.

Skirtingai nei Naujosios Jeruzalės gyventojai, žmonės iš kitų dangaus buveinių turi pereiti pasiruošimo puotai Naujojoje Jeruzalėje procesą. Žmonės iš Trečiosios, Antrosios, Pirmosios dangaus karalysčių ir Rojaus turi persirengti specialiais Naujajai

Jeruzalei skirtais drabužiais. Žmonių dangiškųjų kūnų šviesa skiriasi priklausomai nuo jų gyvenamosios vietos, jie turi pasiskolinti tinkamus drabužius apsilankymui aukštesnio lygio buveinėje. Todėl ten yra speciali vieta persirengimui. Naujojoje Jeruzalėje yra labai daug drabužių, ir angelai padeda žmonėms persirengti. Tačiau svečiai iš Rojaus, net jeigu jų nedaug, turi persirengti patys be angelų pagalbos. Jie apsirengia Naujosios Jeruzalės rūbais, ir naujo apdaro šlovė juos giliai sujaudina. Jiems gaila vilkėti drabužius, kurių jie neverti nešioti.

Žmonės iš Trečiosios, Antrosios, Pirmosios dangaus karalysčių ir Rojaus turi persirengti ir prie įėjimo parodyti savo kvietimus angelams, kad būtų įleisti į puotos menę.

Didinga ir puiki puotos menė

Kai angelai nuveda jus į puotos menę, jos nuostabios skaisčios šviesos, prabanga ir didybė apstulbina jus. Menės grindys žėri tobula balta ir tyra brangakmenio spalva, taip pat ir kolonos visose pusėse. Apvalios kolonos yra permatomos kaip stiklas, o jų brangakmeniais papuoštas viršus sukuria unikalų grožį. Gėlių puokštės, kabančios ant kolonų, suteikia puotai ypatingą šventinę atmosferą.

Kokia laimė ir jaudulys apimtų, jei būtum pakviestas į balto marmuro ir spindinčio krištolo pokylių salę šioje žemėje! Dangaus puotos menė, padaryta iš daugybės brangakmenių, yra tūkstančius kartų nuostabesnė!

Naujosios Jeruzalės puotos menės priekyje stovi dviejų pakopų pakyla, sukelianti iškilmingumo įspūdį, lyg nukeliavęs į žilą senovę dalyvautum imperatoriaus karūnavimo ceremonijoje. Aukštesnės pakylos pakopos centre stovi didelis Dievo Tėvo sostas, balto brangakmenio spalvos. Jo dešinėje stovi Viešpaties sostas, o kairėje – sostas pirmosios puotos garbės svečiui. Šie sostai yra apsupti nuostabios ir didingos skaisčios šviesos. Ant žemesnė pakylos pakopos yra sustatyti pranašų krėslai, sustatyti pagal dangaus rangus, bylojančius apie Dievo Tėvo didybę.

Ši puotos menė pakankamai didelė, kad sutalpintų nesuskaičiuojamą daugybę pakviestų dangaus piliečių. Vienoje menės pusėje archangelo diriguojamas dangaus orkestras groja dangiškąją muziką, keliančią džiaugsmą ir laimę ne tik puotos metu, bet ir prieš jos pradžią.

Angelai palydi visus į vietas

Puotos menėje angelai nuveda visus svečius į jiems iš anksto paskirtas vietas. Žmonės iš Naujosios Jeruzalės sėdi priekyje, o už jų paeiliui – žmonės iš Trečiosios, Antrosios, Pirmosios dangaus karalysčių ir Rojaus.

Žmonės iš Trečiosios Dangaus Karalystės taip pat su karūnomis, bet visai kitokiomis nei Naujosios Jeruzalės gyventojų, jie turi užsidėti po apvalų ženklą dešinėje karūnos pusėje, kad skirtųsi nuo Naujosios Jeruzalės gyventojų. Svečiai iš Antrosios ir Pirmosios karalysčių turi užsidėti po apvalų ženklą kairėje krūtinės pusėje, kad skirtųsi nuo žmonių iš Trečiosios Dangaus Karalystės ir Naujosios Jeruzalės. Žmonės iš Antrosios ir Pirmosios karalysčių taip pat su karūnomis, bet svečiai iš Rojaus neturi karūnų.

Pakviestieji į puotą Naujojoje Jeruzalėje užima savo vietas ir iš jaudulio vis pasitaisydami drabužius laukia šios puotos šeimininko

Dievo Tėvo atėjimo. Suskamba trimitas, skelbiantis Tėvo atėjimą, ir visi žmonės puotos salėje atsistoja, sveikindami šeimininką. Tuo metu visi nepakviestieji į puotą gali stebėti tiesioginę šio renginio vaizdo transliaciją visose dangaus buveinėse.

Tėvas įžengia į menę, trimitui aidint

Trimitui aidint, daug archangelų, kurie lydi Dievą Tėvą, įeina pirmieji, paskui juos – Dievo mylimieji tikėjimo protėviai. Dabar visi ir viskas laukia Dievo Tėvo. Svečiai nekantrauja pamatyti Tėvą ir Viešpatį, visų akys įsmeigtos į priekį.

Pagaliau šviesdamas skaisčia garbės šviesa Dievas Tėvas įeina į menę. Jo išvaizda didinga ir ori, bet tuo pat metu švelni ir šventa. Jo banguoti plaukai šviečia auksu, o veidas ir visas kūnas šviečia taip akinančiai, kad žmonės turi žiūrėti prisimerkę.

Kai Dievas Tėvas ateina prie sosto, dangaus būtybės ir angelai, pranašai ant pakylos ir visi žmonės puotos menėje nusilenkia, garbindami Jį. Kokia garbė matyti Dievą Tėvą, visatos Kūrėją ir Valdovą, asmeniškai kaip kūrinį! Kokia džiaugsminga ir jaudinanti akimirka! Tačiau ne visi svečiai gali į Jį žiūrėti. Žmonės iš Rojaus, Pirmosios ir Antrosios karalysčių negali pakelti akių dėl akinančios šviesos. Jie tik verkia iš džiaugsmo ir yra kupini dėkingumo vien už tai, kad dalyvauja šioje puotoje.

Viešpats pristato garbės svečią

Kai Dievas Tėvas atsisėda į savo sostą, lydimas nuostabaus ir elegantiško archangelo įeina Viešpats. Aukšta, prabangi ir žėrinti karūna vainikuoja Jo galvą, Jis vilki baltą ilgą mantiją. Jis atrodo oriai ir yra kupinas didingumo. Viešpats pirmiausia mandagiai nusilenkia Dievui Tėvui, priima angelų, pranašų bei visų kitų svečių pagarbinimą ir nusišypso jiems. Sėdintis soste Dievas Tėvas džiaugiasi, žiūrėdamas į visus puoton susirinkusius žmones. Viešpats užlipa ant pakylos pristatyti pirmosios puotos garbės svečio ir smulkiai papasakoja jo tarnystę, padėjusią baigti žmonių ugdymą Dievo karalystei. Kai kurie iš susirinkusiųjų spėlioja, kas jis, o tie, kurie tai žino, džiūgaudami atidžiai klauso Viešpaties.

Pagaliau Viešpats baigia savo pasakojimą, paaiškindamas, kaip šis žmogus mylėjo Dievą Tėvą, visomis jėgomis stengėsi išgelbėti daug sielų ir visiškai įvykdė Dievo valią. paskui Dievas Tėvas apimtas džiaugsmo atsistoja pasveikinti pirmosios puotos garbės svečią, kaip tėvas sveikina grįžtantį namo daug pasiekusį savo sūnų, kaip karalius sveikina su pergale grįžtantį generolą. Puotos menė prisipildo laukimo ir jaudulio, vėl nuaidi trimito garsas, ir įeina nuostabiai švytėdamas garbės svečias.

Didinga karūną puošia jo galvą, jis vilki panašią į Viešpaties baltą mantiją. Jis atrodo orus, bet žmonės mato švelnumą ir gailestingumą jo veide, panašiame į Dievo Tėvo veidą.

Kai įeina pirmosios puotos garbės svečias, žmonės atsistoja ir pradeda džiūgauti, keldami rankų bangas. Jie glėbesčiuoja vienas kitą iš džiaugsmo. Kai futbolo Pasaulio taurės finalinėse rungtynėse žaidėjas įmuša pergalingą įvartį, laimėjusios komandos aistruoliai tribūnose ir žiūrintys varžybas namuose džiūgauja glėbesčiuodamiesi, plodami vieni kitam per petį ir bučiuodamiesi. Panašiai puotos menė Naujojoje Jeruzalėje paskęsta žmonių džiūgavime.

2. Pranašai dangaus garbingiausiųjų grupėje

Ką mes konkrečiai turime daryti, kad taptume Naujosios Jeruzalės gyventojais ir dalyvautume pirmojoje puotoje? Mes turime ne tik priimti Jėzų Kristų ir gauti Šventosios Dvasios dovaną, bet ir išsiugdyti devynis Šventosios Dvasios vaisius, kad turėtume panašią Į dievo širdį, tyrą ir skaidrią kaip krištolas. Danguje rangai suskirstomi pagal širdies panašumą į Dievo širdį. Todėl net pirmojoje puotoje Naujojoje Jeruzalėje pranašai užima vietą pagal dangaus rangą, kai Dievas Tėvas įeina į menę. Kuo aukštesnį rangą turi pranašai ir tikėjimo protėviai, tuo arčiau Dievo sosto jie stovi. Kadangi dangus valdomas pagal hierarchiją, kuo panašesnės į Dievo širdį taps mūsų širdys, tuo arčiau Dievo sosto gyvensime danguje.

Dabar pasvarstykime, kokia širdis yra tyra ir skaidri kaip krištolas, panaši į Dievo širdį, apžvelgdami aukščiausią dangaus rangą turinčių pranašų gyvenimus.

Elijas buvo gyvas paimtas į dangų

Elijui suteiktas aukščiausias rangas iš visų žmonių, išsiugdžiusių savo širdis per visą pasaulio istoriją. Biblijoje matome, kad Elijas visu savo gyvenimu liudijo Gyvąjį Dievą, vienintelį tikrąjį Dievą. Jis buvo pranašas karaliaus Ahabo laikais šiaurinėje Izraelio karalystėje, kurioje kerojo stabmeldystė. Jis stojo prieš 850 stabus garbinusių pranašų ir nuleido ugnį iš dangaus. Tai pat Elijas išmeldė lietų po trejus su puse metų trukusios sausros.

Elijas buvo vargo žmogus, kaip ir mes. Jis melste meldė, kad nelytų, ir nelijo žemėje trejus metus ir šešis mėnesius; ir jis vėl meldė, ir dangus davė lietaus, o žemė išželdino savo vaisių (Jokūbo laiškas 5, 17-18).

Be to, sauja miltų puode ir truputis aliejaus ąsotyje per Eliją nesibaigė iki bado pabaigos. Elijas prikėlė iš numirusiųjų našlės sūnų ir perskyrė Jordano upę. Pabaigoje Elijas viesulu pakilo į dangų (Karalių antra knyga 2, 11).

Kodėl Elijas, toks pat žmogus kaip mes, galėjo atlikti galingus Dievo darbus ir net išvengti mirties? Todėl, kad per daug sunkių gyvenimo išbandymų išsiugdė tyrą ir skaidrią kaip krištolas širdį, panašią į Dievo. Elijas visiškai pasitikėjo Dievu visose aplinkybėse ir visada Jam pakluso.

Dievui paliepus, pranašas nuėjo pas karalių Ahabą, kuris bandė jį nužudyti, ir daugybės žmonių akivaizdoje paskelbė, kad Dievas yra vienintelis tikras Dievas. Štai kodėl jis gavo Dievo jėgos, darė Jo galingus darbus, kad pagarbintų Dievą, ir buvo paimtas amžinai džiaugtis garbe ir šlove.

Henochas ėjo su Dievu 300 metų

O kaip Henochas? Kaip ir Elijas, Henochas buvo paimtas į dangų, nesulaukęs mirties. Nors Biblija nedaug rašo apie jį, vis tiek galime suprasti, kad jo širdis buvo panaši į Dievo.

Henochas buvo šešiasdešimt penkerių metų, kai jam gimė Metušelachas. Metušelachui gimus, Henochas ėjo su Dievu tris šimtus metų, ir jam gimė sūnų bei dukterų. Taigi iš viso Henochas gyveno tris šimtus šešiasdešimt penkerius metus. Henochas ėjo su Dievu. Paskui jo nebebuvo, nes Dievas jį pasiėmė (Pradžios knyga 5, 21-24).

Henochas pradėjo eiti su Dievu, būdamas šešiasdešimt penkerių metų amžiaus. Jis labai patiko Dievui, nes jo širdis buvo panaši į Dievo. Dievas artimai su juo bendravo, ėjo su juo 300 metų ir gyvą pasiėmė pas save į dangų. Žmogaus ėjimas su Dievu reiškia, kad Dievas visada yra su juo, ir Dievas buvo su Henochu, kur tik jis ėjo, tris šimtus metų.

Jeigu jūs vykstate į kelionę, su kokiu žmogumi norėtume keliauti? Kelionė bus maloni, jeigu jus lydės draugas, su kuriuo galite pasidalinti savo mintimis. Henochas buvo mielas Dievo širdžiai, ir todėl Dievas buvo su juo.

Dievo prigimtis yra šviesa, gerumas ir meilė, todėl kad galėtume eiti su Dievu, mumyse neturi būti jokios tamsos, mes turime būti pilni gerumo ir meilės. Henochas išsaugojo savo šventumą, nors gyveno nuodėmingame pasaulyje, ir pranešė žmonėms Dievo valią (Judo laiškas 1, 14). Biblija nemini didelių jo darbų ar ypatingos misijos. Tačiau Henochas turėjo širdyje Dievo baimę, vengė blogio šventai gyveno ir ėjo su Dievu, ir Dievas pasiėmė jį pas save nesulaukusį mirties.

Laiškas hebrajams 11, 5 sako: *„Tikėdamas Henochas buvo perkeltas, kad neregėtų mirties, ir žmonės jo nebeskaitė, nes Dievas jį perkėlė. Mat prieš perkeliamas gavo liudijimą, jog patikęs Dievu."* Henochas turėjo Dievui patinkantį tikėjimą, visada ėjo su Dievu, neregėjęs mirties buvo paimtas į dangų ir tapo antruoju pagal rangą žmogumi danguje.

Abraomas buvo vadinamas Dievo draugu

Kokią nuostabią širdį turėjo Abraomas, jeigu jis buvo vadinamas Dievo draugu ir yra trečias pagal rangą danguje? Abraomas visiškai pasitikėjo Dievu ir besąlygiškai Jam pakluso. Kai Dievo lieptas jis paliko savo gintąją šalį, jis net nežinojo, kur eina, bet paklusniai paliko savo gimtąjį miestą ir užgyventą ekonominį pagrindą. Dar daugiau, kai jam buvo įsakyta paaukoti deginamąja auka savo sūnų Izaoką, kurio jis susilaukė, būdamas šimto metų amžiaus, jis iš karto pakluso. Jis pasitikėjo geru ir visagaliu Dievu, galinčiu prikelti mirusiuosius.

Abraomas neturėjo jokio savanaudiškumo. Pavyzdžiui, kai jo sūnėno Loto nuosavybė taip išaugo, kad jie nebegalėjo gyventi kartu toje pačioje vietoje, Abraomas leido Lotui pirmam pasirinkti, sakydamas: *„Prašyčiau, kad nebūtų vaido tarp manęs ir tavęs ar tarp mano piemenų ir tavo piemenų, nes esame giminaičiai. Argi ne visas kraštas prieš tave? Prašyčiau atsiskirti nuo manęs. Jei tu eisi į kairę, aš eisiu į dešinę, jei tu eisi į dešinę, aš eisiu į kairę"* (Pradžios knyga 13, 8-9).

Kartą daug karalių susivieniję užpuolė Sodomą ir Gomorą, pagrobė visus turtus ir maisto atsargas kartu su Abraomo sūnėnu Lotu, gyvenusiu Sodomoje. Tada Abraomas pasiėmė tris šimtus aštuoniolika savo šeimynos vyrų, pasivijo karalius ir atėmė iš jų visus pagrobtus turtus. Sodomos karalius norėjo atsidėkodamas duoti Abraomui dalį sugrąžintų turtų, bet pastarasis atsisakė. Abraomas taip pasielgė, kad įrodytų, jog jo palaiminimai ateina tik iš Dievo. Abraomas tikėjimu pakluso Dievui ir įgijo tyrą ir skaidrią kaip krištolas širdį. Todėl Dievas taip gausiai palaimino jį šioje žemėje ir danguje.

Mozė, Išėjimo vadovas

Kokią širdį turėjo Mozė, Išėjimo vadovas, jeigu jis yra ketvirtas pagal rangą danguje? Skaičių knyga 12, 3 sako: „*O Mozė buvo labai kuklus žmogus, kuklesnis už bet ką kitą visoje žemėje.*" Apaštalas Judas savo laiške rašo, kad archangelas Mykolas ginčijosi su velniu dėl Mozės kūno. Tai vyko todėl, kad Mozė nusipelnė būti paimtas dangų, nesulaukęs mirties. Kadaise, būdamas Egipto princu, Mozė nužudė egiptietį, kuris mušė hebrają. Todėl velnias kaltino Mozę sakydamas, kad jis turi mirti. Tačiau archangelas Mykolas ginčijosi su velniu sakydamas, kad Mozė paliko visas nuodėmes ir blogį, todėl gali būti paimtas į dangų. Septynioliktame Evangelijos pagal Matą skyriuje skaitome, kad Mozė ir Elijas buvo nusileidę iš dangaus pasikalbėti su Jėzumi. Iš šių faktų galime numanyti, kas atsitiko su Mozės kūnu.

Mozė turėjo bėgti iš faraono rūmų dėl įvykdytos žmogžudystės. Paskui jis keturiasdešimt metų augino avis dykumoje. Išbandymo dykumoje metu Mozė atsikratė visos savo puikybės, geidulių ir savo teisumo, turėto, būnat princu faraono rūmuose. Tik paskui Dievas davė jam užduotį išvesti izraelitus iš Egipto.

Dabar Mozė, kadaise užmušęs žmogų ir pabėgęs, turėjo grįžti pas faraoną ir išvesti iš Egipto izraelitus, buvusius vergais 400 metų. Žmogaus protui tai atrodo neįmanoma, bet Mozė pakluso Dievui ir nuėjo pas faraoną. Ne bet kas galėjo išvesti milijonus izraelitų iš Egipto ir nuvesti juos į Kanaano žemę. Todėl Dievas prieš tai keturiasdešimt metų skaistino Mozę dykumoje ir padarė jį puikiu indu, galinčiu priimti ir pakęsti visus izraelitus. Taip Mozė per išbandymus tapo paklusnus iki mirties ir galėjo atlikti Išėjimo vadovo pareigą. Biblija liudija apie mylinčią Mozės širdį.

Taigi Mozė sugrįžo pas VIEŠPATĮ ir tarė: „Deja! Ši tauta nusidėjo sunkia nuodėme. Pasidarė sau dievą iš aukso! O dabar, jei tu tik atleistum jų nuodėmę... Bet jei ne, ištrink mane iš knygos, kurią parašei!" (Išėjimo knyga 32, 31-32)

Mozė gerai žinojo, kad jo vardo ištrynimas iš VIEŠPATIES knygos reiškė ne tik fizinę mirtį. Puikiai žinodamas, kad tie, kurių vardai neįrašyti Gyvenimo knygoje, bus įmesti į pragaro ugnį, amžinąją mirtį ir kentės amžinai, Mozė sutiko eiti į amžinąją mirtį, kad Dievas atleistų tautos nuodėmes.

Ką Dievas jautė, žiūrėdamas į Mozę? Dievui labai patiko Mozė, nes jis gerai suprato Dievo širdį, kuri nekenčia nuodėmės, tačiau nori išgelbėti nusidėjėlius, ir Dievas atsakė į jo maldą. Dievas brangino Mozę labiau negu visą Izraelio tautą, nes Mozės širdis buvo teisi Dievo akyse, tyra ir skaidri kaip gyvybės vanduo, tekantis iš Dievo sosto.

Jeigu turėtumėte pupelės dydžio briliantą be jokio trūkimo ar dėmelės ir šimtus kumščio dydžio akmenų, ką labiau vertintumėte? Niekas neiškeistų brilianto į paprastus akmenis.

Suprasdami faktą, kad vienas Mozė, išsiugdęs panašią į Dievo širdį, buvo daug brangesnis už visą Izraelio tautą kartu paėmus, tyrime ugdytis tyras ir skaidrias kaip krištolas širdis.

Paulius, pagonių apaštalas

Penktas pagal rangą danguje yra apaštalas Paulius, pašventęs savo gyvenimą pagonių evangelizavimui. Nors jis buvo aistringai ištikimas Dievo karalystei iki pat mirties, giliai širdyje jis visada gailėjosi, kad persekiojo tikinčiuosius Jėzumi Kristumi, prieš susitikdamas Viešpatį. Todėl jis prisipažino Pirmame laiške korintiečiams 15, 9: *„Juk aš esu mažiausias iš apaštalų, nevertas vadintis apaštalu, nes esu persekiojęs Dievo Bažnyčią."* Tačiau jis buvo puikus Viešpaties indas, Dievas išsirinko jį, apvalė ir paskyrė pagonių apaštalu. Antrame laiške korintiečiams, vienuoliktame skyriuje nuo dvidešimt trečios eilutės detaliai aprašytos jo patirtos kančios, skelbiant evangeliją. Jis iškentėjo tiek daug, kad ne kartą nebeturėjo vilties likti gyvas. Jis daug kartų buvo nuplaktas ir įkalintas. Penkis kartus gavo nuo žydų po keturiasdešimt kirčių be vieno, tris kartus buvo sumuštas lazdomis, vieną kartą apsvaidytas akmenimis, tris kartus pergyveno laivo sudužimą, ištisą parą plūduriavo atviroje jūroje, dažnai nemiegodavo naktimis, patyrė badą ir troškulį, kentė šaltį ir nuogumą (Antras laiškas korintiečiams 11, 23-27).

Paulius tiek daug iškentėjo, kad Pirmame laiške korintiečiams 4, 9 rašo: *„Man atrodo, kad Dievas mums, apaštalams, paskyrė paskučiausią vietą, tarsi pasmerktiesiems myriop. Mes pasidarėme reginys pasauliui, angelams ir žmonėms."*

Kodėl Dievas leido patirti tiek daug sunkumų ir persekiojimų apaštalui Pauliui, kuris buvo ištikimas iki mirties? Dievas galėjo apsaugoti Paulių nuo visų sunkumų, bet Jis norėjo, kad šiuose sunkumuose Paulius išsiugdytų tyrą ir skaidrią kaip krištolas širdį. Pagaliau apaštalas Paulius rasdavo paguodą ir džiaugsmą tik Dieve, visiškai atsižadėjo savęs ir tapo tobulai panašus į Kristų. Jis rašo Antrame laiške korintiečiams 11, 28: *„Be kita ko, kasdien vargstu, rūpindamasis visomis Bažnyčiomis."*

Laiške romiečiams 9, 3 Paulius rašo: *„Man mieliau būtų pačiam būti prakeiktam ir atskirtam nuo Kristaus vietoj savo brolių,* *tautiečių pagal kūną.*" Paulius, įgijęs tyrą ir skaidrią kaip krištolas širdį, ne tik įėjo į Naująją Jeruzalę, bet ir gyvena netoli Dievo sosto.

3. Nuostabios moterys Dievo akyse

Mes žvelgiame į pirmąją puotą Naujojoje Jeruzalėje. Kai Dievas Tėvas įeina į menę, paskui Jį eina moteris. Ji lydi Dievą Tėvą, vilkėdama baltą apdarą iki žemės, papuoštą daugybe brangakmenių. Tai Marija Magdalietė. Tais laikas moterų vaidmuo visuomenėje buvo apribotas, todėl ji negalėjo atlikti daug darbų Dievo karalystei, bet ji buvo nuostabi moteris Dievo akyse, ir įžengė į garbingiausią vietą danguje.

Kaip pranašams suteiktas rangas pagal jų širdžių panašumą į Dievo širdį, moterys danguje taip pat suskirstytos pagal Dievo pripažinimą ir meilę.

Kaip gyveno Dievo pripažintos ir mylimos moterys, tapusios dangaus garbės pilietėmis?

Marija Magdalietė pirmoji susitiko prisikėlusį Viešpatį

Labiausiai Dievo mylima moteris yra Marija Magdalietė. Ji ilgą laiką gyveno tamsos valdžioje, žmonių negerbiama bei niekinama, ir sirgo įvairiomis ligomis. Vieną iš tų sunkių dienų ji išgirdo apie Jėzų, paruošė brangių kvepalų ir išėjo Jo ieškoti. Ji sužinojo, kad Jėzus vieši vieno fariziejaus namuose ir nuėjo ten, bet nedrįso stoti priešais Jį, nors ir labai troško. Ji priėjo prie jo iš užpakalio, aplaistė Jo kojas savo ašaromis, nušluostė plaukais ir sudaužiusi indą apipylė jas kvepalais. Ji buvo išvaduota iš ligos skausmų per šį tikėjimo poelgį, ir buvo labai dėkinga. Nuo tos akimirkos ji labai pamilo Jėzų, sekė paskui Jį visur, kur tik Jis ėjo, ir tapo nuostabia moterimi, pašventusia Jam visą savo gyvenimą (Evangelija pagal Luką 8, 1-3).

Ji buvo šalia Jėzaus, net kai Jis buvo nukryžiuotas ir išleido paskutinį kvapą, nors žinojo, kad jos buvimas ten gali kainuoti jai gyvybę. Marija ne tik atsidėkojo už gautą malonę, bet sekė Jėzų, pašventusi Jam viską, įskaitant savo gyvybę.

Marija Magdalietė, taip mylėjusi Jėzų, pirmoji susitiko Viešpatį po Jo prisikėlimo. Ji tapo garbingiausia moterimi žmonijos istorijoje, nes darė gerus darbus ir turėjo tokią gerą širdį, kuri sujaudino net Dievą.

Mergelė Marija buvo palaiminta Jėzaus išnešiojimu

Antroji iš nuostabiausių moterų Dievo akyse yra Mergelė Marija, ji buvo palaiminta ir išnešiojo Jėzų, tapusį visos žmonijos Išganytoju. Maždaug prieš 2000 metų Jėzus turėjo ateiti kūne, kad atpirktų visus žmones iš jų nuodėmių. Šio plano įvykdymui reikėjo moters, tinkamos Dievo akyse, ir buvo išrinkta Marija, tuo metu susižadėjusi su Juozapu. Dievais per archangelą Gabrielių iš anksto pranešė jai, kad ji pradės Jėzų iš Šventosios Dvasios. Marija nesileido į kūniškas mintis, bet drąsiai ištarė: *„Štai aš Viešpaties tarnaitė, tebūna man, kaip tu pasakei"* (Evangelija pagal Luką 1, 26-38).

Jei mergelė pastodavo tais laikais, ji būdavo ne tik viešai paniekinama, bet ir užmušama akmenimis pagal Mozės įstatymą. Tačiau giliai širdyje ji tikėjo, kad su Dievu nieko nėra neįmanomo, ir pasakė, kad tebūnie, kaip pasakyta. Ji turėjo gerą širdį ir pakluso Dievo Žodžiui, nors tai galėjo kainuoti jai gyvybę. Kokia laiminga ir dėkinga ji buvo, pradėjusi įsčiose Jėzų arba matydama, kaip Jis augo Dievo jėgoje! Tai buvo didžiulė palaima Marijai, paprastai moteriai.

Todėl ji buvo laiminga vien žiūrėdama į Jėzų, tarnavo Jam ir mylėjo jį labiau už savo gyvybę. Mergelė Marija buvo gausiai palaiminta Dievo, jai suteikta amžina garbė šalia Marijos Magdalietės tarp visų moterų danguje.

Estera nieko nebijojo, vykdydama Dievo valią

Estera, drąsiai išgelbėjusi savo tautą tikėjimu ir meile, tapo nuostabia moterimi Dievo akyse ir pasiekė garbingiausią vietą danguje.

Po to, kai Persijos karalius Kserksas atėmė iš karalienės Vaštės jos karališkas teises, Estera buvo išrinkta iš daugybės gražių moterų ir tapo karaliene, nors ji buvo žydė. Ji buvo mylima karaliaus ir žmonių, nes nesipuikavo ir nebuvo išdidi, bet puošėsi tyrumu ir elegancija, nors buvo labai graži.

Kai ji buvo karalienė, didžiulė bėda ištiko žydus. Hamanas Agagitas, gerbiamas karaliaus, įtūžo ant žydo vardu Mordekajis, kuris nesiklaupė prieš jį ir nerodė jam pagarbos. Todėl jis sumanė sunaikinti visus žydus Persijoje ir gavo karaliaus leidimą tai padaryti.

Estera pasninkavo tris dienas už savo tautą ir nutarė eiti pas karalių (Esteros knyga 4, 16). Pagal tų laikų Persijos įstatymą, jeigu kas nors ateidavo pas karalių nepakviestas, jo laukdavo mirties bausmė, jeigu karalius neištiesdavo auksinio skeptro tam žmogui. Po trijų dienų pasninko Estera, pasikliaudama Dievu, nuėjo pas karalių tarusi: *„Jeigu turėsiu žūti, žūsiu!"* Dievas įsikišo ir sąmokslininkas Hamanas pats buvo nužudytas. Estera ne tik išgelbėjo savo tautą, bet ir tapo dar labiau karaliaus mylima.

Estera buvo pripažinta nuostabia moterimi ir pasiekė garbingos vietos danguje, nes ji buvo tvirta tiesoje ir turėjo drąsos paguldyti savo gyvybę, vykdydama Dievo valią.

Rūta turėjo nuostabiai gerą širdį

Dabar apmąstykime Rūtos gyvenimą, kuri taip pat yra nuostabi moteris Dievo akyse ir viena iš garbingiausių moterų danguje. Kokią širdį ji turėjo ir kokius darbus darė, kad taip patiko Dievui ir buvo palaiminta?

Moabietė Rūta ištekėjo už izraelito, persikėlusio į Moabą dėl bado, bet greitai neteko savo vyro. Visi jos šeimos vyrai anksti mirė, ir ji gyveno su savo anyta Naome ir moša Orpa. Naomė, susirūpinusi dėl jų ateities, pasiūlė savo marčioms grįžti į gimtinę. Orpa su ašaromis paliko Naomę, bet Rūta pasiliko pasakiusi:

> *Neversk manęs palikti tave ir pasitraukti nuo tavęs, nes kur eisi tu, tenai eisiu ir aš, kur būsi tu, tenai būsiu ir aš! Tavo tauta bus mano tauta, o tavo Dievas bus mano Dievas! Kur mirsi tu, tenai mirsiu ir aš ir ten būsiu palaidota. Man nelemtį VIEŠPATS tesiunčia ir dar teprideda, jeigu kas kita, o ne mirtis, mudvi išskirtų!*

Rūta turėjo nuostabią širdį, ji niekada negalvojo apie savo naudą, bet darė gerus darbus, net kai jie galėjo jai pakenkti, ir atliko savo pareigą, ištikimai ir su džiaugsmu tarnaudama anytai. Rūtos tarnavimas anytai buvo toks kilnus, kad visas kaimas žinojo apie jos ištikimybę ir mylėjo ją. Galiausiai su anytos pagalba ji ištekėjo už Boazo, giminaičio ir jų atpirkėjo. Ji pagimdė jam sūnų ir tapo karaliaus Dovydo prosenele (Rūtos knyga 4, 13-17). Be to, Rūta buvo palaiminta ir pateko į Jėzaus genealogiją, nors buvo pagonė (Evangelija pagal Matą1, 5-6), ir tapo viena iš nuostabiausių moterų danguje po Esteros.

4. Marija Magdalietė gyvena prie Dievo sosto

Kodėl Dievas leidžia mums sužinoti apie pirmąją puotą Naujojoje Jeruzalėje ir pranašų bei moterų rangus? Meilės Dievas nori, kad visi žmonės ne tik priimtų išgelbėjimą ir patektų į dangaus karalystę, bet ir įgytų panašias į Jo širdis ir gyventų prie Jo sosto Naujojoje Jeruzalėje.

Kad mums būtų suteikta garbė gyventi prie Dievo sosto Naujojoje Jeruzalėje, mūsų širdys turi būti panašios į Jo širdį, tyrą ir skaidrią kaip krištolas. Mes turime išsiugdyti nuostabią širdį kaip dvylika Naujosios Jeruzalės miesto mūro pamatų.

Todėl dabar aptarsime Marijos Magdalietės gyvenimą, kuri tarnauja Dievui Tėvui ir gyvena prie Jo sosto. kai aš meldžiausi už „Paskaitas apie Jono evangeliją," labai daug sužinojau apie Marijos Magdalietės gyvenimą per Šventosios Dvasios įkvėpimą. Dievas apreiškė man, kokioje šeimoje buvo gimusi Marija Magdalietė, kaip ji gyveno, ir kokia laiminga ji buvo susitikusi Jėzų mūsų Gelbėtoją. Tikiuosi, kad jūs seksite jos gera ir nuostabia širdimi, už viską kaltinusią tik save ir pasiaukojančiai mylėjusią Viešpatį, kad ir jums būtų suteikta garbė gyventi prie Dievo sosto.

Ji buvo gimusi stabmeldžių šeimoje

Ji buvo pavadinta Marija Magdaliete, nes buvo gimusi Magdalos kaime, pilname stabmeldžių. Jos šeima nebuvo išimtis, prakeikimas slėgė jos šeimą iš kartos į kartą, turėjusią daugybę problemų, nes jie garbino stabus.

Marija Magdalietė, gimusi ir augusi labai blogoje dvasinėje aplinkoje, negalėjo tinkamai maitintis, nes sirgo gastroenteritu. Ji buvo fiziškai silpna, ir jos kūnas kentėjo nuo įvairių ligų. Net menstruacijos jai liovėsi jauname amžiuje, ir ji buvo nevaisinga. Todėl ji visada būdavo namuose ir slėpdavosi, kad atrodytų, jog jos visai nėra. Tačiau būdama paniekinta ir nemylima net savo šeimos narių, ji niekada nesiskundė. Vietoje to ji suprato ir stengėsi sustiprinti juos, prisiimdama kaltę sau. Kai ji suprato, kad negali sustiprinti savo šeimos narių ir yra jiems tik našta, ji paliko savo šeimą. Ji padarė tai ne iš neapykantos ar pasibaisėjimo jos skriaudimu, bet tik todėl, kad nenorėjo būti jiems našta.

Pastangos daryti viską, ką gali, prisiimant kaltę sau

Paskui ji susitiko vyrą ir stengėsi juo pasikliauti, bet jis buvo labai piktos širdies. Jis nesistengė išlaikyti šeimos ir viską pralošdavo. Jis reikalaudavo pinigų iš Marijos Magdalietės, rėkdavo ir dažnai mušdavo ją.

Marija Magdalietė pradėjo siuvinėti, ieškodama pastovaus pajamų šaltinio. Būdama iš prigimties silpna ji dirbdavo visą dieną ir taip nusilpo, kad be kitų pagalbos nebegalėjo paeiti. Nors ji išlaikė savo vyrą, jis niekada jai nepadėkojo ir tik žemino ją. Marija Magdalietė nejautė jam neapykantos, bet tik gailėjosi, kad negali jam labiau padėti dėl savo silpnumo, ir laikė pagrįstu blogą elgesį su ja.

Kai ji buvo beviltiškoje padėtyje, apleista savo tėvų, brolių ir vyro, išgirdo labai gerą naujieną. Ji išgirdo apie Jėzų, dariusį stebuklus, grąžinantį akliesiems regėjimą ir balsą nebyliams. Kai Marija Magdalietė išgirdo apie tokius dalykus, Ji nesuabejojo Jėzaus ženklais ir stebuklais, nes jos širdis buvo labai gera. Ji turėjo tikėjimą, kad jos silpnumas ir ligos pranyks, kai ji susitiks Jėzų.

Ji laukė susitikimo su Jėzumi su tikėjimu. Pagaliau ji išgirdo, kad Jėzus atėjo į jos kaimą ir apsistojo fariziejaus vadu Simonas namuose.

Kvepalų išliejimas su tikėjimu

Marija Magdalietė taip apsidžiaugė, kad nusipirko kvepalų už pinigus, kuriuos buvo susitaupiusi iš siuvinėjimo. Neįmanoma pasakyti jos jausmų prieš susitikimą su Jėzumi.

Žmonės bandė neleisti jai prisiartinti prie Jėzaus dėl jos vargano apdaro, bet niekas negalėjo sustabdyti jos aistringo troškimo. Nepaisydama smerkiančių žvilgsnių Marija Magdalietė priėjo prie Jėzaus ir nesulaikomai pravirko, pamačiusi Jo siluetą.

Ji neišdrįso stoti priešais Jėzų, todėl priėjo prie jo iš už nugaros. Kai ji buvo prie Jo kojų, ji dar graudžiau pravirko ir savo ašaromis sudrėkino Jo kojas. Ji nušluostė jas savo plaukais ir sudaužiusi indą išliejo ant jų kvepalus, nes Jis buvo jai labai brangus.

Marija Magdalietė atėjo pas Jėzų didžiulio troškimo vedama, todėl jai buvo ne tik atleistos nuodėmės ir suteiktas išgelbėjimas, bet ir išgydytos visos vidaus ligos ir odos liga. Visas jos kūnas tapo sveikas, jai prasidėjo menstruacijos. Jos veidas, baisiai atrodęs dėl daugybės ligų, prisipildė džiaugsmu ir laime, o jos visiškai išsekęs kūnas tapo sveikas. Ji pasijuto tikra moterimi, ištrūkusi iš tamsos valdžios.

Jėzaus sekimas iki galo

Marija Magdalietė patyrė tai, už ką buvo dėkinga labiau negu už išgydymą. Tai buvo susitikimas su žmogumi, kuris parodė jai begalinę meilę, kurios ji niekada anksčiau nebuvo patyrusi. Nuo tos akimirkos ji su džiaugsmu ir dėkingumu pašventė visą savo laiką ir jėgas Jėzui. Būdama sveika ji rėmė Jėzų finansiškai, užsidirbdama iš siuvinėjimo ir kitų darbų, ir sekė Jį visa širdimi.

Marija Magdalietė sekė paskui Jėzų ne tik tada, kai jis darė ženklus ir stebuklus bei pakeitė daug gyvenimų jėgos pilnais pamokslais, bet buvo su Juo, kai Romos kareiviai mušė Jį ir nukryžiavo. Net kai Jėzus labojo ant kryžiaus, ji buvo šalia. Nepaisydama to, kad jos buvimas čia gali kainuoti jai gyvybę, Marija Magdalietė ėjo į Golgotą paskui kryžių nešantį Jėzų.

Ką ji jautė, kai Jėzus, kurį ji karštai mylėjo, kentėjo didžiulį skausmą, išliejo visą savo kraują ir vandenį?

Viešpatie, ką man daryti,
ką man daryti?
Viešpatie, kaip man gyventi?
kaip man gyventi be tavęs, Viešpatie?

...

O kad galėčiau paimti kraują,

kurį tu lieji,
O kad galėčiau paimti skausmą,
kurį tu kenti.

...

Viešpatie,
aš negaliu gyventi be tavęs.
Aš negaliu gyventi,
jei aš ne su tavimi.

Marija Magdalietė nenuleido akių nuo Jėzaus, kol jis iškvėpė paskutinį kvapą, ir stengėsi įsidėti giliai į širdį Jo akių ir veido spindesį. Ji matė Jėzų iki pat Jo mirties ir sekė paskui Juozapą iš Arimatėjos, kuris padėjo Jėzaus kūną į kapą.

Susitikimas su prisikėlusiu Viešpačiu auštant

Marija Magdalietė palaukė, kol praeis šabas, ir auštant pirmai dienai po šabo, ėjo prie kapo patepti Jėzaus kūną kvepalais. Tačiau ji nerado Jo kūno. Ji labai nuliūdo ir ten verkė, kai prisikėlęs Viešpats pasirodė jai. Todėl jai buvo suteikta garbė pirmajai susitikti prisikėlusį Viešpatį.

Po Jėzaus mirties ant kryžiaus ji negalėjo tuo patikėti. Jėzus buvo jai viskas, ir ji labai Jį mylėjo. Kokia laiminga ji buvo, kai susitiko prisikėlusį Viešpatį, būdama tokioje baisioje padėtyje! Ji negalėjo suvaldyti ašarų džiaugsmo apimta. Iš pradžių ji nepažino Viešpaties, bet kai Jis savo švelniu balsu ištarė jos vardą „Marija", ji atpažino Jį. Evangelijoje pagal Joną 20, 17 prisikėlęs Viešpats sako jai: *"Nelaikyk manęs! Aš dar neįžengiau pas Tėvą. Verčiau eik pas mano brolius ir pasakyk jiems: ,Aš žengiu pas savo Tėvą ir jūsų Tėvą, pas savo Dievą ir jūsų Dievą.'"* Viešpats labai mylėjo Mariją Magdalietę, todėl pasirodė jai po prisikėlimo, prieš susitikdamas su Tėvu.

Naujienos apie Jėzaus prisikėlimą pranešimas

Ar galite įsivaizduoti, kokia laiminga turėjo būti Marija Magdalietė, susitikusi prisikėlusį Viešpatį, kurį ji labai mylėjo? Ji sakė, kad nori amžinai pasilikti su Viešpačiu. Viešpats matė jos širdį, bet paaiškino, kad dabar ji negali pasilikti su Juo, ir davė jai misiją. Ji turėjo pranešti naujieną apie prisikėlimą Jo mokiniams, nuraminti ir paguosti juos, sukrėstus Jėzaus nukryžiavimo.

Evangelija pagal Joną 20, 18 sako: *"Marija Magdalietė nuėjo ir pranešė mokiniams, kad mačiusi Viešpatį ir ką jis jai sakęs."* Faktas, kad Marija Magdalietė tapo pirmąja Viešpaties prisikėlimo liudininke ir pranešė šią naujieną Jėzaus mokiniams, buvo ne atsitiktinumas. Tai buvo jos pasišventimo ir tarnavimo Viešpačiui su aistringa meile rezultatas.

Jei Pilotas būtų paklausęs, ar kas nors sutinka būti nukryžiuotas vietoje Jėzaus, ji pirmoji būtų pasakiusi „Taip" ir išėjusi į priekį. Marija Magdalietė mylėjo Jėzų labiau už gyvybę ir tarnavo Jam su visišku atsidavimu.

Tarnavimo Dievui Tėvui garbė

Dievui labai patiko Marija Magdalietė, turėjusi labai gerą širdį be jokio blogio ir tobulą dvasinę meilę. Marija Magdalietė mylėjo Jėzų ištikima ir tikra meile nuo tos akimirkos, kai susitiko Jį. Dievas Tėvas, priėmęs jos gerą ir nuostabią širdį, norėjo, kad ji gyventų netoli Jo, kad jaustų gerą ir malonų jos širdies aromatą. Todėl, laikui atėjus, Jis leido Marijai Magdalietei pasiekti tarnavimo Jam garbę, net paliesti Jo sostą.

Dievas Tėvas labiausiai nori turėti tikrų vaikų, su kuriais galėtų amžinai dalintis savo tikrąja meile. Todėl Jis suplanavo žmonių širdžių ugdymą, priėmė Trejybės pavidalą ir labai ilgai ir kantriai laukė žmonių atsivertimo šioje žemėje.

Dabar, kai visos dangaus buveinės jau paruoštos, Viešpats pasirodys ore ir iškels vestuvių puotą su savo sužadėtinėmis. Paskui Jis leis jiems valdyti su Juo tūkstantį metų ir nusives juos į dangaus buveines. Mes amžinai gyvensime su Dievu Trejybe begalinėje laimėje ir džiaugsme danguje, skaisčiame tyrame ir nuostabiame kaip krištolas, pilname Dievo garbės. Kokie laimingi bus žmonės, įeisiantys į Naująją Jeruzalę, kai jie regės Dievo veidą ir gyvens su Juo amžinai!

Prieš du tūkstančius metų Jėzus paklausė: *„Bet ar atėjęs Žmogaus Sūnus beras žemėje tikėjimą?"* (Evangelija pagal Luką 18, 8) Šiandien labai sunku atrasti tikrą tikėjimą.

Apaštalas Paulius, vykdęs Evangelijos skelbimo pagonims misiją, prieš mirtį parašė laišką Timotiejui, savo dvasiniam sūnui, kentėjusiam nuo susiskaldymo dėl erezijų ir krikščionių persekiojimų.

„Aš karštai prašau dėl Dievo ir Kristaus Jėzaus, kuris teis gyvuosius ir mirusiuosius, dėl jo apsireiškimo

ir karalystės: skelbk žodį, veik laiku ir nelaiku, bark, drausk, ragink su didžiu kantrumu ir kaip išmanydamas. Ateis toks laikas, kai žmonės nebepakęs sveiko mokslo, bet, pasidavę savo įgeidžiams, susivadins sau mokytojų, kad tie pataikautų jų ausims; jie nukreips ausis nuo tiesos, o atvers pasakoms. Bet tu būk visame kame apdairus, kentėk vargus, dirbk evangelisto darbą, atlik savo tarnystę. Aš jau esu atnašaujamas, ir mano iškeliavimas arti. Iškovojau gerą kovą, baigiau bėgimą, išlaikiau tikėjimą. Todėl manęs laukia teisumo vainikas, kuriuo mane tą Dieną apdovanos Viešpats, teisingasis Teisėjas, ir ne tik mane, bet ir visus, kurie su meile laukia jo pasirodant" (2 Timotiejui 4, 1-8).

Jeigu jūs tikitės patekti į dangų ir laukiate Viešpaties pasirodymo, turite stengtis gyventi pagal Dievo Žodį ir kovoti gerąją kovą. Apaštalas Paulius visada džiaugėsi, nors labai daug iškentėjo, skelbdamas gerąją naujieną.

Todėl mes turime pašventinti savo širdis ir atlikti savo pareigas geriau, negu iš mūsų tikimasi, kad patiktume Dievui ir amžinai dalintumėmės tikrąją meile, gyvendami prie Dievo sosto.

„Mano Viešpatie,
kuris ateini
šlovės debesyse,
Aš laukiu dienos,
kada tu apkabinsi mane!
Prie tavo garbingojo sosto

amžinai mes dalinsimės meile,
kuria negalėjome dalintis žemėje,
ir kartu prisiminsime praeitį.
O! Aš eisiu į dangaus karalystę šokdamas,
kai Viešpats pašauks mane!
O, dangaus karalyste!"

Autorius:
Dr. Džeirokas Li

Dr. Džeirokas Li gimė 1943 metais Korėjos respublikos Kjong-nam provincijos Muano mieste. Jam sukakus dvidešimt metų, jis septynis metus sirgo daugybe nepagydomų ligų ir laukė mirties be išsigydymo vilties. Tačiau 1974 m. jo sesuo nuvedė jį į vieną bažnyčią, ir, kai jis atsiklaupė pasimelsti, Gyvas Dievas iš karto jį išgydė nuo visų ligų.

Tą akimirką per šį stebuklingą atvejį dr. Li susitiko su Gyvuoju Dievu, jis pamilo Dievą visa savo širdimi ir 1978 m. jis buvo pašauktas Dievo tapti Jo tarnu. Jis karštai meldėsi, norėdamas aiškiai sužinoti Dievo valią, visiškai ją įvykdyti ir paklusti visam Dievo Žodžiui. 1982 m. jis įsteigė Manmin Centrinę Bažnyčią Seule, Korėjoje ir nuo to laiko joje vyksta nesuskaičiuojami Dievo darbai – antgamtiški išgydymai ir stebuklai.

1986 m. Kasmetinės Korėjos Jėzaus Bažnyčios „Sungkiul" Asamblėjos metu dr. Li buvo įšventintas pastoriumi, o 1990 m. – praėjus tik keturiems metams – jo pamokslai buvo transliuojami Australijoje, Rusijoje, Filipinuose ir daugelyje kitų šalių Tolimųjų Rytų Transliacijų Kompanijos, Azijos Transliacijų Stoties ir Vašingtono Krikščionių Radijo Sistemos dėka.

Po trijų metų, 1993, Manmin Centrinė Bažnyčia buvo išrinkta Amerikos žurnalo „*Christian World*" viena iš „50 Pasaulio Geriausių Bažnyčių", ir jis gavo teologijos garbės daktaro laipsnį Krikščionių Tikėjimo Koledže, Floridoje, JAV, o 1996 m. Teologijos seminarijos „Kingsway" (Ajova, JAV), tarnautojo daktaro laipsnį.

Nuo 1993 m. dr. Li tapo pasaulinių misijų lyderiu daugelyje užsienio evangelizacijų Tanzanijoje, Argentinoje, Los Andžele, Baltimorėje, Havajuose, Niujorke, Ugandoje, Japonijoje, Pakistane, Kenijoje, Filipinuose, Hondūre, Indijoje, Rusijoje, Vokietijoje, Peru, Kongo Demokratinėje Respublikoje, Izraelyje. 2002 m. Korėjos pagrindinių krikščioniškų laikraščių už savo veiklą įvairiose užsienio Didžiosiose Jungtinėse Evangelizacijose jis buvo pavadintas „pasaulinio masto pastoriumi".

2017 m. balandžio mėnesio duomenimis, Manmin Centrinei Bažnyčiai priklauso daugiau negu 120,000 narių. Visame pasaulyje yra 11,000 vietinių ir užsienio dukterinių bažnyčių-filialų: daugiau negu 102 misionierių buvo paskirta darbui 23 šalyse, kurių tarpe Jungtinės Valstijos, Rusija, Vokietija, Kanada, Japonija, Kinija, Prancūzija, Indija, Kenija ir daugelis kitų.

Iki šios knygos leidimo datos dr. Li yra parašęs 107 knygų, tarp jų bestseleriai: *Patirti Amžinąjį Gyvenimą Anksčiau už Mirtį, Žinia apie Kryžių, Tikėjimo Saikas, Dangus 1 dalis, Dangus 2 dalis, Pragaras, Mano Gyvenimas Mano Tikėjimas 1 dalis, Mano Gyvenimas Mano Tikėjimas 2 dalis,* ir *Dievo Jėga*. Jo darbai buvo išversti daugiau negu į 75 kalbas.

Jo krikščioniški straipsniai yra spausdinami šiuose leidiniuose: „The Hankook Ilbo", „The JoongAng Daily", „The Chosun Ilbo", „The Dong-A Ilbo", „The Seoul Shinmun", „The Kyunghyang Shinmun", „The Hankyoreh Shinmun", „The Korea Economic Daily", „The Korea Herald", „The Shisa News", ir „The Christian Press".

Šiuo metu Dr. Li yra daugelio misijų organizacijų ir asociacijų vadovas: Jėzaus Kristaus Jungtinė Šventumo Bažnyčia (pirmininkas), Pasaulinės Krikščionybės Prabudimų Misijos Asociacija (nuolatinis pirmininkas), Globalus Krikščionių Tinklas GCN (steigėjas ir tarybos pirmininkas), Pasaulio Krikščionių Gydytojų Tinklas WCDN (steigėjas ir tarybos pirmininkas), Tarptautinė Manmin Seminarija MIS (steigėjas ir tarybos pirmininkas).

Kitos vertingos to paties autoriaus knygos

Dangus 1 dalis

Žavios gyvenimo aplinkos, kurioje gyvena Dangaus piliečiai, detalus aprašymas ir puikus skirtingų dangaus karalystės lygių pavaizdavimas.

Žinia apie Kryžių

Stiprus ir širdį žadinantis pamokslas visiems, kurie dvasiškai užmigo. Skaitydami šią knygą sužinosite, kodėl Jėzus yra mūsų vienintelis Išgelbėtojas ir patirsite tikrą Dievo meilę.

Pragaras

Nuoširdus pamokslas visiems žmonėms nuo paties Dievo, kuris nori, kad nei viena siela nepatektų į pragaro gelmes! Sužinosite apie visai Jums nepažįstamą pragaro gelmių realybę.

Dvasia, Siela ir Kūnas I & II

Dvasiškai supratę dvasią, sielą ir kūną, kurie yra sudedamosios žmonių dalys, skaitytojai galės pažvelgti į save ir suprasti žmonių gyvenimą. Ši knyga rodo skaitytojams, kaip tapti dieviškosios prigimties dalininkais ir gauti visus Dievo pažadėtus palaiminimus.

Tikėjimo Saikas

Kokia buveinė, karūna ir apdovanojimai laukia Jūsų Danguje? Ši knyga išmintingai ir kryptingai padės Jums nustatyti savo tikėjimo saiką ir išugdyti geriausią ir brandžiausią tikėjimą.

Pabusk, Izraeli

Kodėl Dievas nenuleidžia Savo akių nuo Izraelio nuo pat pasaulio pradžių iki šios dienos? Koks Jo planas yra paruoštas Izraeliui paskutinėmis dienomis, kai jie laukia Mesijo?

Mano Gyvenimas, Mano Tikėjimas I & II

Gardžiausias dvasinis aromatas, sklindantis iš gyvenimo, kuris žydėjo neprilygstama meile Dievui tamsių bangų, šalto jungo ir neapsakomos nevilties laikais.

Dievo Jėga

Šią knygą būtina perskaityti tiems, kurie ieško atsakymų į tai, kaip įgyti tikrą tikėjimą ir patirti stebuklų kupiną Dievo jėgą.

www.urimbooks.com

www.ingramcontent.com/pod-product-compliance
Lightning Source LLC
LaVergne TN
LVHW041931070526
838199LV00051BA/2774